FRANCOPHONIES
D'AMÉRIQUE

FRANCOPHONIES
D'AMÉRIQUE

FRANCOPHONIES
D'AMÉRIQUE

Automne 2001   Numéro 12

Les Presses de l'Université d'Ottawa

FRANCOPHONIES
D'AMÉRIQUE
Automne 2001   Numéro 12

Directeur :

PAUL DUBÉ
Université de l'Alberta, Edmonton

Conseil d'administration :

GRATIEN ALLAIRE, président
Université Laurentienne, Sudbury

JAMES DE FINNEY
Université de Moncton

PIERRE-YVES MOCQUAIS
Université de Calgary

JEAN-PIERRE WALLOT
CRCCF, Université d'Ottawa

Secrétariat de rédaction:

*Centre de recherche en civilisation
canadienne-française*
Université d'Ottawa
FRANCE BEAUREGARD
MONIQUE PARISIEN-LÉGARÉ

Francophonies d'Amérique est indexée
dans :

Klapp, *Bibliographie d'histoire littéraire
française* (Stuttgart, Allemagne)

*International Bibliography of Periodical
Literature (IBZ)* et *International
Bibliography of Book Reviews (IBR)*
(Osnabrück, Allemagne)

MLA International Bibliography (New York)

Cette revue est publiée grâce à la contribution financière
des universités suivantes :

UNIVERSITÉ D'OTTAWA
UNIVERSITÉ LAURENTIENNE DE SUDBURY
UNIVERSITÉ DE MONCTON
UNIVERSITÉ DE L'ALBERTA — FACULTÉ SAINT-JEAN
UNIVERSITÉ DE REGINA

Ce numéro a été réalisé grâce à l'appui du Regroupement des universités de la francophonie hors
Québec.

ISBN 2-7603-5044-9

TABLE DES MATIÈRES

Jeunesse et société francophone minoritaire en mouvance :
colloque à partir des travaux de Roger Bernard
Actes du colloque de l'ACFAS à Sherbrooke (mai 2001)

PRODUCTION LITTÉRAIRE DES JEUNES EN MILIEU MINORITAIRE

CLÔTURE

FRANCOPHONIES
D'AMÉRIQUE

Le présent numéro de *Francophonies d'Amérique* est entièrement consacré aux Actes d'un colloque qui s'est déroulé dans le cadre du 69ᵉ Congrès de l'Association canadienne-française pour l'avancement des sciences, tenu à Sherbrooke en mai 2001. Ce colloque, intitulé « Jeunesse et société franco-phone minoritaire en mouvance : colloque à partir des travaux de Roger Bernard », voulait, à sa façon, rendre hommage à Roger Bernard, sociologue et professeur à l'Université d'Ottawa, décédé subitement en juillet 2000. Cette rencontre de deux jours était organisée par le Réseau de la recherche sur la francophonie canadienne. Grâce à l'excellent travail d'Anne Gilbert, de Jean Lafontant et de Marie-Linda Lord, des chercheurs et chercheures travaillant dans divers champs de spécialisation dans le domaine des minorités ont eu la possibilité d'échanger de façon très fructueuse sur un sujet particulier, celui de la jeunesse qui vit en milieu francophone minoritaire.

Dans les pages qui suivent, les lectrices et lecteurs prendront ainsi connais-sance de recherches récemment complétées ou en cours qui permettent de jeter un regard nouveau sur la situation de la jeunesse en milieu francophone minoritaire. On se souviendra d'ailleurs que, déjà en 1991, Roger Bernard avait dirigé pour le compte de la Fédération des jeunes Canadiens français le projet « Vision d'avenir », une étude de grande envergure qui examinait la situation des jeunes francophones au pays. Depuis ce temps, d'autres cher-cheurs se sont penchés sur cette même problématique en prenant diverses avenues. C'est ce dont il sera question dans ce numéro.

Cependant, comme le colloque voulait souligner les travaux du regretté Roger Bernard, il nous a semblé impératif de glisser d'abord quelques mots sur le chercheur, l'universitaire et l'homme. Nous avons donc demandé à Benoît Cazabon, collègue et ami de Roger, de lui rendre hommage dans un court texte qui figure au début de ce numéro. Vient ensuite le texte de la conférence d'ouverture donnée par Claudine Moïse, portant sur les violences verbales en France. Ce phénomène, des plus actuels et qui touche la jeunesse dans le monde entier, demeure encore peu documenté dans le cas des francophones qui vivent en situation minoritaire. À partir de sa propre recherche poursuivie en France, Mme Moïse tente de montrer comment la violence verbale qui se manifeste dans certaines banlieues françaises répond à une violence symbolique et sociale, mais qu'elle peut aussi servir à la création artistique chez les jeunes.

Nous avons décidé de regrouper les autres textes de ce numéro spécial en trois thèmes. Le premier porte sur les contraintes sociales du devenir. Dans un premier temps, Charles Castonguay fait état des minorités de langues officielles au Canada. Son étude démographique nous entretient sur les tendances touchant la minorité anglophone du Québec et les minorités francophones vivant à l'extérieur du Québec, en ce qui a trait à l'assimilation de ces dernières aux groupes majoritaires respectifs. Par la suite, Michèle Ollivier et Ann Denis nous font part des résultats d'une recherche qui porte sur l'utilisation des nouvelles technologies chez les jeunes francophones de l'Ontario. À partir de trois axes d'analyse, soit le sexe, la langue parlée et le revenu familial, les auteures examinent le degré d'accès à la technologie et les usages qu'en font les jeunes, en mettant particulièrement l'accent sur les formes d'inégalités liées à la culture. Enfin, Sylvie Roy examine l'accès des jeunes Franco-Ontariens aux nouveaux secteurs économiques en émergence et les types de pratiques langagières de ces jeunes en milieu de travail. Pour illustrer ses propos, l'auteure examine la situation dans un centre d'appels situé dans une petite localité du sud de l'Ontario.

Le deuxième thème abordé est celui des identités multiples. Dans le premier texte, Diane Gérin-Lajoie analyse la complexité des parcours identitaires des jeunes qui vivent en milieu francophone minoritaire, en insistant sur la présence d'un phénomène de mouvance dans les rapports sociaux et langagiers qu'entretiennent ces derniers. En fondant ses propos sur une recherche ethnographique récemment complétée, elle examine, en particulier, le concept d'identité bilingue. Éric Joly, de son côté, se penche sur la réalité des jeunes Franco-Américains de la Nouvelle-Angleterre. Il prend le cas d'une petite localité du New Hampshire et il nous parle du sens d'appartenance à la langue et à la culture françaises dont font preuve les jeunes qui y habitent. Roger Lozon, pour sa part, nous ramène en Ontario pour nous entretenir sur la façon dont les jeunes du sud-ouest de la province se représentent les variétés de langue en circulation dans leur communauté et sur la façon dont ces derniers se sentent face à leur propres compétences linguistiques. Son analyse se fonde sur des données recueillies auprès de jeunes encore aux études, ou déjà sur le marché du travail. L'article d'Annette Boudreau exa-mine la composante linguistique du processus de construction identitaire chez un groupe d'adolescentes et d'adolescents francophones de la région de Moncton au Nouveau-Brunswick. Elle nous rapporte le point de vue des jeunes sur ce que signifie être francophone aujourd'hui dans le contexte particulier de l'Acadie urbaine.

Toujours sous le thème des identités multiples, le texte de Simon Laflamme vient nous mettre en garde contre la logique assimilationniste et l'approche centrée sur la démographie qui refusent de reconnaître la complexité de la situation des minorités francophones au Canada. Selon l'auteur, la société postmoderne se trouve en présence d'une double tendance : d'une part, l'homogénéisation des populations et, d'autre part, des mouvements de différentiation, tendance qui affecte la situation des jeunes. Amal Maddibo, John Maury et leurs collègues évoquent la situation des jeunes immigrants qui viennent se joindre à la minorité francophone en Ontario. Une attention particulière est portée sur les stratégies identitaires élaborées par ces jeunes *vis-à-vis* de la société d'accueil, du pays d'origine, de leur communauté et de la communauté d'accueil où ils évoluent. Enfin, Marcel Grimard se penche sur le cas des jeunes francophones gais et lesbiennes en Ontario. Son analyse porte sur la façon dont les diverses lois canadiennes ont contribué au phénomène d'isolement, de marginalisation et d'exclusion de ces jeunes. L'auteur nous présente trois formes de discours dominant, qui s'apparentent à des périodes historiques spécifiques : le discours de la résistance, celui de la normalisation et, enfin, celui de la banalisation.

Le dernier thème s'intéresse à la production littéraire des jeunes qui évoluent en milieu francophone minoritaire. Les propos de Mireille McLaughlin portent sur les représentations linguistiques des jeunes écrivains du sud-ouest du Nouveau-Brunswick. L'auteure analyse le rôle joué par ces jeunes écrivains quant à la valorisation des variétés régionales du français, entre autres, du *chiac*. Isabelle Cossette et Manon Laparra ont, pour leur part, étudié la littérature acadienne à travers ses jeunes auteurs, en portant une attention toute spéciale à la thématique urbaine. Elle ont exploré le corpus de publications d'un groupe de jeunes auteurs afin d'examiner de plus près la fascination de ces derniers pour la ville et en particulier pour ses activités nocturnes.

En tout dernier lieu, le texte rédigé par Madeleine Gauthier examine l'identité des jeunes Québécois et la façon dont ces jeunes se définissent par rapport à leur appartenance linguistique, à titre de majoritaires ou minoritaires. L'auteure examine les éléments déterminants de l'identité collective en mettant particulièrement l'accent sur la langue, et nous informe du danger pour les individus de se représenter comme minoritaires, puisque cette forme de représentation peut facilement mener au défaitisme.

Je tiens, en terminant, à remercier l'équipe du Centre de recherche en civilisation canadienne-française pour son appui, et en particulier France Beauregard pour l'excellent travail qu'elle a fourni dans la préparation de ce numéro. Un grand merci également au Regroupement des universités de la francophonie hors-Québec qui, par son appui financier, a rendu possible la publication des actes. J'ai également beaucoup apprécié l'appui que m'a fourni Paul Dubé, directeur de la revue *Francophonies d'Amérique*, et les conseils judicieux qu'il m'a donnés tout au long de la production du numéro. Finalement, la publication des actes n'aurait pas été possible sans le travail de grande qualité des membres du comité de lecture qui ont assuré la pertinence et la qualité des textes, tout en respectant un échéancier plutôt serré. À ces trois personnes, qui sauront d'ailleurs se reconnaître, j'exprime toute ma gratitude.

Je vous souhaite donc une bonne lecture !

Diane Gérin-Lajoie
Rédactrice invitée

HOMMAGE À ROGER BERNARD

Benoît Cazabon
Université d'Ottawa

Roger Bernard, qui est-il ? Le chercheur, le professeur, l'homme ? Que savons-nous de lui ? Les humains sont présents à la vie par leur rationalité, par leur volonté, par leur émotion. Être complexe, Roger avait découpé ces trois dimensions de lui-même, le rationnel, le volontaire, l'émotif, selon les fonctions qu'il remplissait dans la vie. Voilà une première affirmation forte qui méritera d'être expliquée.

Je suis à la fois honoré que l'on m'ait demandé de partager ce que je sais de Roger et tout autant effrayé par le pensum que représente cette commande. Je peux tout dire et me tromper affreusement, il ne pourra jamais se défendre. J'assume le risque en pensant que ce sont des idées que j'aurais aimé partager avec lui avant tout. Pour l'entendre rire de mes élucubrations, pour l'entendre s'enflammer dans les corrections qu'il y apporterait. Pour la connivence aussi de celui qui accepterait d'inventer par le langage le mensonge le plus vrai du monde : l'amitié. Roger, je ne suis pas spécialiste ni même bien informé de la sociologie, ta passion, tu m'accordes le droit de tout dire ou de dire n'importe quoi. C'est risqué mais je vais faire de mon mieux pour qu'on paraisse bien.

Depuis quelques mois que je réfléchis à l'œuvre de Roger Bernard, je relis ses travaux et je pense au pédagogue qu'il était, et tout cela me ramène à l'homme que j'ai connu. Mon attention se disperse alors un moment et me reviennent à l'esprit des moments de nos vies partagés. Je réentends les propos que Roger tenait sur lui-même, ses tiraillements entre la personne rationnelle, le volontaire et le sensible qu'il était à la fois. Si je prends cette voie d'entrée dans cet hommage, c'est beaucoup parce qu'il m'en avait ouvert la porte.

Le chercheur

Roger s'est intéressé très tôt à la modernité « sous sa forme la plus ambitieuse, que l'homme est ce qu'il fait, que doit donc exister une correspondance de plus en plus étroite entre production, rendue plus efficace par la science, la technologie ou l'administration, l'organisation de la société, réglée par la loi et la vie personnelle, animée par l'intérêt, mais aussi la volonté de se libérer de toutes contraintes[1] » .

Les questions qu'il se posait contiennent chacune des parties importantes de cette phrase de Touraine. Nous sommes ce que nous faisons. Il y a un rapport entre raison et ce que nous produisons, ce qui nous rend plus efficace, ce qui nous motive aussi soit par intérêt, soit par volonté. Et sommes-nous pour autant mieux ?

En 1978, j'organisais le premier colloque de l'Institut franco-ontarien à Sudbury[2]. Roger Bernard avait répondu à mon appel. Il m'avait dit : « Ce qui m'a incité à venir, c'est la question que tu nous a posée. Je voulais savoir ce que les autres diraient sur cette question qui me hante depuis que tu nous as invité. » J'avais rencontré pour la première fois un jeune collègue effacé, à l'écoute des autres et qui semblait douter de ce qu'il allait dire. Et pourtant il avait produit un des très bons textes de cette rencontre. On y retrouve déjà la graine de toute sa production à venir. « Face à ce nouvel univers culturel, où les anglophones définissent le modèle de réussite, les attitudes et les comportements qui assurent un meilleur statut socio-économique, face à la modification importante des structures sociales et économiques des communautés franco-ontariennes et au changement culturel parallèle, les Franco-Ontariens, pour assurer la survie du fait français en Ontario, ont misé sur l'établissement d'un réseau complet d'écoles françaises et, à une époque plus récente, sur la bilinguisation de certains services gouvernementaux[3] ».

On pourrait lire cette phrase pour le seul plaisir de sa construction. Roger écrivait bien. De mieux en mieux. Au stylo, d'abord et toujours, je crois. Lentement, il ciselait des phrases musclées, pleines de sens. Nous y reviendrons. Mais on pourrait la lire aussi en parallèle de celle de Touraine citée plus haut. En miroir, on y verrait les mêmes préoccupations intellectuelles. C'est ce que je trouvais fascinant chez Roger dans nos échanges, il reprenait les mêmes questions sur les rapports à la justice, au pouvoir, au bien-être. Qu'est-ce que l'on fait et en quoi cela sert-il à un meilleur sort pour les humains ? Ce n'est qu'ensuite que ses travaux ce sont ancrés dans des sujets plus précis : le bilinguisme, la migration. Il prenait un « faire » quelconque et il remontait à la question fondamentale.

On pourrait aussi lire tout le texte de 1978 pour y retrouver la genèse de sa recherche et son évolution. Dans sa conclusion, bien en évidence, il écrit : « L'ensemble de la recherche, et non seulement les données présentées ici [que ce soit les siennes auxquelles il se référait ou celles présentées au colloque, en rétrospective on peut dire qu'il y en avait peu à part celles-là!], nous permet de constater que le maintien de la langue française comme une langue de vie quotidienne des communautés françaises de l'Ontario est presqu'impossible[4]. » Le « presque » fait sourire. Vingt ans plus tard, il deviendra redondant dans son esprit.

Roger craignait son sujet de dissertation. Il en avait peur et il le respectait. Bon chercheur, sa critique le rendait mal à l'aise. Il avait peur des conclusions auxquelles il arrivait. Il avait un grand sens de sa responsabilité sociale. Un jour, je lui avais dit : « Après tout, tu découvres ce que tu avais intuitionné au départ. » Il m'avait répondu : « Oui, mais aujourd'hui, je le pense vraiment! »

À mon avis, Roger Bernard le chercheur s'est donné une rationalité qui cadrait mal avec sa personne plus intuitive. Bien sûr, ce sont des parties du même être. Mais je veux dire que Roger « travaillait » le chercheur en lui au détriment de sa personne entière. Dans cette union de l'humain et du monde, Roger avait réglé son compte à une explication religieuse ou psychologique, du moins par son silence sur ces positions. Ni la religion, ni la psychologie dans ses travaux ne viennent donner un éclairage particulier. Dommage, pour le philosophe qu'il était aussi. Tout le contraire de celui à qui on s'adressait en personne. Roger venait de toutes les avenues à l'oral. Mais pas à l'écrit. Il avait plutôt absorbé son héritage sociologique de Weber et autres pour croire que « la société est source de valeurs, que le bien est ce qui est utile à la société et le mal ce qui nuit à son intégration et à son efficacité[5] ». Il savait aussi trop combien les communautés qui se sont vouées au bien-être social de leurs membres par idéologie se sont toutes transformées en enclaves autoritaires, où les droits individuels ont été érodés au nom même de la liberté. Il savait aussi combien le capitalisme menait vers le triomphe des plus nantis et la domination des élites qui rationalisent les rapports à la consommation, au travail, au parlementarisme vidé de tout débat. Encore là, peu de place pour la liberté, le pouvoir, le bien-être des individus.

De tout cela, il en était conscient et il a pris la position de l'observateur raisonnable doté d'outils ne relevant que de l'entendement. C'est ce qui nous donne le grand méthodologue qu'il a été. Ses travaux de recherche sont rigoureux. Empiriques, hypothético-déductifs. Du fait observé et mesuré à l'analyse cartésienne. Je parle ici du chercheur se faisant et non de la personne chercheuse à travers son temps de vie parmi nous. C'est mon hypothèse à partir de ses propres commentaires. Mais son écriture de chercheur est plus riche que ce que j'en présente ici. Je pense surtout à ses travaux de démographie[6], véritable laboratoire pour la méthodologie. Cette rigueur, elle était travaillée. On pouvait difficilement lui parler dans ces moments d'analyse. Ses analyses le rendaient inquiet. Il partageait peu son écriture en marche parce que concentré sur la méthode.

Pourquoi ces inquiétudes ? Entre autres, il savait que le discours sur la minorité pouvait prendre facilement des allures polémiques, dogmatiques ou partisanes. Il distinguait nettement la réflexion de l'action, au risque de négliger la seconde. Que fait une démocratie pour sa minorité ? Que valent les votes des membres d'une minorité pour une question portant sur son sort, si tant est qu'une telle question se rende au rang d'une consultation populaire ? Rien, par définition. Un vote de minoritaire sera toujours battu sans l'appui des membres de la majorité. Donc, à la merci des autres. Il savait aussi l'illusion de la révolution pour les masses renversée en totalitarisme partout dans le monde. Il était aguerri contre cette illusion-là aussi. Il faut replacer ces considérations dans le contexte de celui qui réfléchit à ce qui unit l'humain à ce monde dans un rapport de liberté, de pouvoir et de bien-être. Quelle marge de manœuvre détient une minorité par rapport à la liberté, au pouvoir, au bien-être ? Quelle marge de manœuvre est donnée au penseur sur son sujet quand il est lui-même membre de cette étude ? Pour se donner un champ libre, il avait poussé au maximum l'écart entre la raison et la volonté. Entre la pensée et l'action. Mais il y avait beaucoup plus encore.

Pourquoi cette position ? Pour bien comprendre, il faudrait mieux saisir la position qu'il se donnait comme chercheur ou même comme personne humaine.

> La subjectivation détruit le Moi qui se définit par la correspondance de conduites personnelles et de rôles sociaux et est construit par des interactions sociales et l'action d'agences de socialisation. Le Moi se brise : d'un côté le Sujet, de l'autre le Soi (Self). Le Soi associe nature et société, comme le Sujet associe individu et liberté. Comme l'a enseigné Freud, le Sujet — qu'il ne concevait pas nettement en dehors du Surmoi — est lié au Soi, au Ça, alors qu'il est en rupture avec un Moi dont l'analyse doit briser les illusions. Le Sujet n'est pas l'âme opposée au corps, mais le sens donné par l'âme au corps, en opposition avec les représentations et les normes imposées par l'ordre social et culturel. Le Sujet est à la fois apollinien et dionysiaque[7].

Souvenons-nous, Roger cherchait des réponses à des questions fondamentales sur la liberté, sur le bien-être, sur le pouvoir. Briser des illusions. Donner un sens à notre passage sur terre. Rupture avec les intérêts bas de nos démons. Roger cherchait à établir une distance par rapport à la subjectivation sentie de son sujet de travail. Il cherchait à briser les illusions par une analyse. D'où sa confiance en une rationalité en recherche. Mais le chercheur franco-ontarien n'est jamais loin de son sujet de recherche : les Franco-Ontariens. Il y avait donc chez lui une dialectique, plus évidente dans le dialogue que dans ses travaux, sur le rapport du chercheur à son objet de recherche. Et que dire ? À la recherche sur lui-même comme humain. Apollinien, il l'était par la méthode pour se soustraire à son objet. D'où sa capacité d'assumer son rôle social de chercheur par la rationalité. Mais il était aussi dionysiaque, tout un sujet ce Roger ! Nous y reviendrons plus loin autour d'une bouteille de bon vin.

J'ai dit plus tôt qu'il craignait son sujet d'analyse. Entendons l'expression dans son sens rarissime, de respect et de sensibilité à une chose, comme dans « La fleur craint le gel ». J'ai fait ressortir cet aspect du chercheur, celui qui s'est donné une méthodologie sans faille pour que la raison triomphe sur cette matière vierge, l'étude de la minorité franco-ontarienne. Roger a défriché large un terrain que d'autres jeunes chercheurs pourront occuper avec gratitude. Ils auront aussi l'assurance que les fondements sont sûrs. Bien gauchement, j'ai voulu montrer combien cette position relevait d'une profonde analyse sur lui-même en tant que partie intégrante du construit social. On ne retrouve pas cela dans ses textes mais dans les échanges, dont celui partagé avec François-Xavier Chamberland[8]. Nous tenons peu d'évidence de cette réflexion sur lui-même sinon dans nos échanges oraux quand nous nous permettions de réinventer le monde. Moments bénis qui dépassent de loin les rapports collégiaux qui nous unissaient à un premier niveau.

Donc, crainte, oui, pour sa méthode. Mais Roger assumait ses découvertes. Son style en rend compte tout autant que le contenu lui-même. Lapidaire, incisif, laconique, aux allures d'aphorismes et de sentences à l'occasion. Il n'y a qu'à voir les hypothèses dans *Le Canada français : entre mythe et utopie* pour apprécier cette qualité

C'est Roger Bernard qui a écrit :

> Ce fut un beau rêve, celui d'un Canada français à l'intérieur d'un pays bilingue et biculturel. Malheureusement, le Canada français demeure à ce jour mythique. Juridiquement, politiquement et constitutionnellement, il n'a jamais existé. C'est une pure construction de l'esprit. Il a existé dans l'imaginaire des Canadiens français, en mal de pays, se sentant à l'étroit dans le Canada britannique d'après la Conquête. Or, si le Canada est officiellement un pays bilingue, il est effectivement, dans la vie de tous les jours, un pays de langue anglaise et de culture anglo-saxonne. Dans ce contexte, le Canada français ne verra jamais le jour, c'est un projet impossible, une utopie.

Et pour bien enfoncer le clou, plus loin il écrit : « Pourtant, nous ne sommes pas de la diaspora parce que nous n'avons jamais quitté le pays; c'est plutôt le pays qui nous a quittés[9]. » Je n'étais pas présent quand il a prononcé ces mots mais je l'ai entendu souvent à la fin d'une conférence où il exprimait des propos semblables et d'un air un peu penaud de nous inviter presque à le contredire : « Réveillez-moi et dites-moi que j'ai tort ! ». Roger n'était en aucune manière dogmatique par rapport à ses idées, encore moins sur les conclusions qu'il tirait de ses recherches. Mais aussi, il pouvait dire : « Voilà, c'est ce que j'ai à dire sur ce sujet. » D'ailleurs, il m'avait exprimé son intention de prendre congé des études sur l'Ontario français parce que, scientifiquement, il n'avait plus rien à dire. Aller plus loin serait redites et le risque d'un discours engagé, d'une polémique, ce qui ne l'intéressait pas. Du moins, il avait l'intention ferme de distinguer les genres.

Mais que penser de telles paroles ? Placées en conclusion à des travaux marqués par la rationalité, elles ne laissent aucune place à la complaisance. Il y a une part de cela : choquer et solliciter une action. Solliciter le dialogue scientifique qui n'est jamais venu[10] comme il l'aurait aimé. Dans nos échanges, il en était souvent question, notre savoir est sans écho, même parmi nous. Cette constatation renforçait d'autant plus l'idée du mythe et de l'utopie. Nous sommes des chercheurs sur un sujet qui n'existe pas dans la conscience des autres. Roger Bernard ne dit rien dans ses conclusions qui dépasse ce qu'il a dûment constaté. Que nous trouvions pessimistes ses conclusions relève d'une paresse intellectuelle ou d'une volonté ferme de ne pas voir l'évidence. Il se permet ces textes que j'ai cité ci-dessus après avoir marqué quatre points de rupture dans le tissu de la nation canadienne-française. Les deux derniers étant les plus décisifs et ils demeurent des domaines sur lesquels la société peut encore intervenir si elle le veut : « la bilinguisation de la culture franco-ontarienne et la secondarisation de la langue maternelle expliquent, en partie, les déboires linguistiques de l'Ontario français[11] »·

Faute d'avoir le courage de bien comprendre ce que ces affirmations signifient, les conclusions de Roger Bernard, que d'aucuns trouvent pessimistes, continueront d'être vérifiées. Si on rendait en tableaux les situations quotidiennes où il y a bilinguisation de la culture franco-ontarienne et secondarisation de la langue française, on se retrouverait devant un plan complet d'interventions visant à renverser l'érosion du groupe, à refranciser des rapports sociaux défaillants, à développer des communautés françaises épanouies. Il ne suffit pas de vérifier nos intentions mais encore faudrait-il tester nos agirs. Prenons à témoin le dernier document fondant le cadre de l'éducation francophone en Alberta[12] : il est sans faille dans ses principes mais que ferons-nous comme collectivité pour tester pleinement l'application de l'article 23 de la Charte canadienne des droits et liberté ? Quel sens à donner à des glissements du genre « éducation francophone », « communauté francophone », « la langue et la culture francophone » ? On ne peut plus se contenter d'affirmer la fonction réparatrice de l'école, il faut aussi agir sur les valeurs, c'est-à-dire affirmer la mission de nos actes.

Comment dans les pratiques et vécus fait-on mentir les conclusions de Roger Bernard ? Souvenons-nous, sa recherche vise à briser des illusions. Il veut rapprocher l'humain de son monde dans une perspective de liberté, d'autonomie et de bien-être. Où en sommes-nous par rapport à ce qui constitue des obstacles incontournables à ces qualités humaines que sont la liberté, le pouvoir et le bien-être dans un contexte de bilinguisation de la culture canadienne-française et de la secondarisation de la langue française ? Il y a des concessions qui ressemblent étrangement à des aveux d'échec. Ce n'est pas Roger Bernard qui les a inventées ces concessions. Dans la vie associative nationale, il y a de plus en plus d'échanges entre des groupes d'intérêts francophones et leurs contreparties unilingues anglaises. On s'en accommode bien en se disant : « Nous sommes bilingues et nous voulons faire partie des centres de décisions ». Donc, secondarisation avouée et acceptée de sa langue. Il existe aussi des programmes fédéraux qui consistent à exporter les francophones dans des projets québécois : pratiques qui participent à affaiblir les milieux minoritaires. On a laissé à la dérive la formation en cours d'emploi, lieu d'assimilation chronique. On nage dans les contradictions les plus flagrantes tout en croyant participer à l'épanouissement de sa société d'attache. Quelques fois, on le fait naïvement sans connaître les conséquences de nos gestes; d'autres fois, par intérêt personnel. Mais ne pas blâmer ouvertement le manque de courage et de lucidité politique du gouvernement fédéral actuel serait la première concession impardonnable dans le contexte actuel. Le gouvernement doit revoir de fond en comble ses engagements, ses programmes et leurs financements à la lumière de ces deux contraintes énoncées par Roger Bernard. Qu'est-ce qui conduit à une bilinguisation de la culture française et à une secondarisation du français au Canada ? Aucun délai n'est nécessaire; les actes à entreprendre sont simples. Aucune discussion à entamer; le sujet est archi-connu. Aucun faux-fuyant n'est plus admissible; produisez de la volonté politique.

Roger Bernard le chercheur, un grand méthodologue et un intellectuel intègre. Je le dis sans apologie, la preuve est dans l'œuvre.

Le professeur

Je serai plus bref parce qu'on ne connaît jamais bien le professeur à moins d'avoir été son étudiant. Ce sont des propos de collègues que je rapporterai.

Il m'avait beaucoup surpris le jour où il m'avait avoué qu'entrer en classe c'était comme sauter sur la glace pour une joute de hockey[13]. Il avait pratiqué ce sport et c'est l'image qu'il retenait. Elle me laissait de glace ! Je lui ai demandé de m'expliquer. Il m'avait parlé de recueillement, d'adrénaline, de stress créateur, de stratégies d'attaque, de concentration. Et j'avais eu droit à quelques explications exaltées sur l'acte de présence en classe. Voilà, l'acte. Enseigner ce n'était pas parler pour lui mais agir. Quelque chose devait se passer en classe. Il avait un grand respect pour ses étudiants. Même quand il était frustré par le manque d'application ou de capacités de l'un ou l'autre, il gardait une discrétion inattaquable. Le plus souvent, il se demandait plutôt s'il avait tout fait pour l'aider ou ce qu'il pouvait encore faire pour changer la situation.

Ceux et celles qui l'ont vu déambuler devant la Faculté d'éducation une heure avant le cours comprennent combien cette heure lui était précieuse. Il me saluait à peine à ce moment-là, concentré qu'il était sur la dernière préparation de son cours, un état d'esprit et de corps. Plus tard, un message au répondeur m'annonçait qu'il m'avait bien remarqué mais que... Priorité numéro un, son enseignement.

Il aurait tout aussi bien pu être professeur de lettres aussi. Roger dévorait la littérature. Nous avions la chance de pouvoir partager des lectures communes : Doubrovsky, qui nous avait beaucoup troublés. Ben Jelloun, Modiano, Pennac. Un jour, il me dit : « Tu connais Agota Kristof ? » Non ? J'ai lu mais nous n'avons jamais eu la chance de commenter. Je crois savoir ce qu'il voulait en partager. L'observateur qu'il était retenait de l'écriture ses fins codages. Il aimait ce qui constituait une écriture simple et précise. Il en retraçait toutes les marques avec une grande habileté.

La personne et l'ami

Le 22 novembre 2000, Roger aurait eu 56 ans. Ce jour-là même, la Faculté d'éducation de l'Université d'Ottawa a tenu un service commémoratif en son honneur. J'ai eu le privilège avec Laurier Busque, le troisième membre du trio de collègues arrivés du nord de l'Ontario en 1990, de lui rendre hommage.

Laurier avait trouvé juste d'intituler notre hommage *Chemin faisant* en s'inspirant du verset 28 de l'évangile selon saint Marc : *Chemin faisant, il les interrogeait : « Pour les gens, qui suis-je ? »*. Pour ma part, j'avais déniché un beau texte d'André Comte-Sponville[14] qui m'a aidé à me réconcilier avec le départ de Roger : « le contraire d'espérer, ce n'est pas craindre, mais savoir, pouvoir, et jouir. En un mot, ou plutôt en trois, le contraire d'espérer, c'est connaître, agir et aimer. C'est le seul bonheur qui ne soit pas manqué ». Et plus loin : « N'essayer pas de vous amputer de votre part de folie, d'espérance, donc d'angoisse et de crainte. Apprenez plutôt à développer votre part de sagesse, de puissance comme dirait Spinoza, autrement dit de connaissance, d'action, d'amour. Ne vous interdisez pas d'espérer : apprenez à penser, apprenez à vouloir un peu plus et à aimer un peu mieux. » Roger était tout cela à la fois, folie, espérance, angoisse, crainte et surtout, connaissance, action, amour.

Connaître, agir, aimer, ce sont des projets infinis, toujours à poursuivre. Roger avait fait un bon bout de chemin» sur la voie de la connaissance, de l'action, de l'amour. Son cheminement et ses confidences laissaient entrevoir le meilleur de lui-même à venir. C'est en cela, tant par ce qu'il a été que par ce qu'il promettait, qu'il restera une inspiration. La véritable amitié se façonne dans ce qu'on apprend de l'autre : tolérance, simplicité, humilité, dévotion, humour. Roger, j'ai beaucoup appris de toi.

NOTES

1. Alain Touraine, *Critique de la modernité*, Paris, Fayard, 1992.
2. Benoît Cazabon, *À partir de quand la langue maternelle n'est-elle plus la langue première de communication?*, Sudbury, Université Laurentienne, Institut franco-ontarien, 135 p.
3. *Ibid.*, p. 111.
4. *Ibid.*, p. 119.
5. Alain Touraine, *op. cit.*, p. 28.
6. Roger Bernard, «Langue maternelle et langue d'usage dans les foyers mixtes : les enjeux de l'exogamie», *Cahiers Charlevoix*, n° 1, Sudbury, Prise de parole, 1995, p. 241-289. Aussi, *Un avenir incertain, Le choc des nombres, Le déclin d'une culure*, trois études pour le compte de la Fédération des jeunes Canadiens français, 1990.
7. Alain Touraine, *op. cit.*, p. 270.
8. Repris par Robert Yergeau dans Roger Bernard, *À la défense de Montfort*, Ottawa, Le Nordir, 2000, p. 13.
9. Roger Bernard, «Les enjeux culturels du savoir : des idées sur le Canada français», dans *Actes de la 6ᵉ Journée du savoir de l'ACFAS - Sudbury*, 2000, p. 9- 27, p. 25- 26.
10. Tel que nous le réclamions en 1996 dans Benoit Cazabon, *Pour un espace de recherche au Canada français : discours, objets et méthodes*, Ottawa, Les Presses de l'Université d'Ottawa, coll. « Actexpress », 283 p.
11. Voir note 9, p. 13.
12. Alberta Learning, *Affirmer l'éducation en français langue première*, 2001, 54 p.
13. Après avoir écrit ce texte, j'ai pris connaissance du n° 25 de la *Revue du Nouvel Ontario*, 2001, dans lequel mon collègue Louis-Gabriel Bordeleau utilise la même image à la p. 194. Cette coïncidence donne force à l'image!
14. André Comte-Sponville, *Le bonheur désespérément*, Éditions Pleins feux, 2000.

VIOLENCES VERBALES ET BANLIEUES EN FRANCE : DES PRATIQUES LANGAGIÈRES À LA CRÉATION ARTISTIQUE

Claudine Moïse
Université d'Avignon

Jeunesse, société francophone... Ce texte est l'occasion de croiser des expériences de travail, des chemins de réflexion, des expériences de vie aussi. Même si je travaille depuis maintenant plus de dix ans sur la communauté franco-ontarienne, sur les questions minoritaires au Canada, il s'agira ici – sans doute parce que de toute manière, je n'ai pas spécifiquement réfléchi à la question de la jeunesse au Canada – de parler d'un autre lieu, d'autres travaux que j'ai menés, que je mène de l'autre côté de l'Océan, en France, sur la jeunesse justement. En définitive, je voudrais faire part de mes réflexions sur des années à travailler dans/avec/pour/sur les banlieues françaises et donc avec/pour/sur les jeunes. J'illustrerai mon propos par des références aux travaux de certains collègues sociolinguistes qui travaillent sur ces mêmes terrains et à mes propres analyses, observations et réflexions : de celles tirées d'une expérience d'exploration sur la création en danse hip hop dans les banlieues françaises (travail de repérage de 1994-1998) pour le ministère de la Culture et de celles tirées d'un projet en cours sur la violence verbale dans une banlieue de Perpignan dans le sud de la France.

Je voudrais montrer ici comment la violence, et notamment la violence verbale qui se manifeste dans les banlieues, répond d'une part à une violence symbolique, sociale et urbaine, mais se voit, d'autre part, transfigurée pour servir la création, qu'elle soit mise en mots ou danse.

De la violence, quelle violence ?

Si la question de la « violence verbale » n'a quasiment jamais été abordée spécifiquement dans des études sociolinguistiques, en revanche le concept de « violence » a été largement appréhendé par les philosophes, ethnologues et sociologues. La « violence » a été longuement traitée par les philosophes, de Hobbes à Nietzsche ou Freud, et les anthropologues. Être au monde, c'est l'affronter aussi pour se construire et appréhender l'autre; c'est être pris dans ses formes de domination symbolique, selon Bourdieu, ou dans les dispositifs de pouvoir, selon Foucault. La violence, en ce sens, traverse le monde, en ce qu'elle nous construit dans un rapport humain et social; la violence servira alors la construction des rituels humains, avec des limites toutefois à poser devant l'animalité et la folie destructrice (Héritier, 1996). La violence a été définie sociologiquement en termes d'agressivité et de conflit, comme violence effective d'abord. L'agressivité est considérée comme une réponse imprévisible, visant à nuire à autrui et disproportionnée par rapport à l'acte qui l'a initiée. La réponse du destinataire s'actualise dans la fuite, la conciliation ou l'affrontement (Floro, 1996). La violence sera alors l'action à laquelle conduisent l'agressivité ou le conflit non contrôlé (Tap, 1990). Dans cette optique, l'acte violent illustre l'échec de la rationalité, du dialogue, de la conciliation, de l'analyse de la situation vécue (Chesnais, 1981). Mais la violence est aussi appréhendée dans sa dimension symbolique, qu'elle émane d'un individu (Floro, 1996) ou de la société (Bachman et Le Guennec, 1996). Elle est toutefois toujours marquée par sa relativité. Ce qui fait violence ici ne l'est pas forcément ailleurs, ce qui faisait violence ne l'est plus nécessairement aujourd'hui. De cette façon, différentes typologies de la violence ont pu être élaborées, croisant différentes entrées, de la violence privée à la violence collective (Chesnais, 1996), de la violence effective sanctionnée en droit à la violence symbolique et sociale, des individus à la société (Floro, 1996).

Nous nous arrêterons ici à ce qui est perçu comme de la violence verbale, souvent manifestation individuelle, paroles d'agressivité, pour mieux voir à quoi elle renvoie, à quoi elle répond. Dans le cadre de notre projet à Perpignan, nous l'avons étudiée en milieu scolaire. L'analyse de la violence à l'école pose aussi des questions spécifiques à la violence institutionnelle (Charlot, 1997). Il s'agit alors de considérer l'organisation scolaire comme une organisation sociale spécifique avec ses normes, ses codes et donc avec toutes les transgressions possibles, transgression de l'ordre social (Heller, 1998) et transgression du contrat didactique ou pédagogique.

En quoi la violence émanant des pratiques langagières est aussi une réponse à la violence symbolique sociale ? En quoi son usage, dernière réponse sans doute avant toutes formes de violence effective, fait effet d'agression ?

Une culture de rue et un parler urbain

On part d'un parler, d'un parler qui s'oppose à la norme standard, celle véhiculée par l'école. Ce parler ou ces parlers dits des banlieues ont été largement décrits d'un point de vue lexical (Goudaillier, 1987; Merle, 1986; Banisti, 1998 notamment). De ce point de vue, le parler urbain est une langue construite à partir de la variété haute, le français; il s'en démarquerait fonctionnellement pour remplacer les langues ethniques disparues, inutiles ou d'usage limité au milieu familial (Calvet, 1994). Ce qui n'exclut pas que ces parlers des banlieues – et c'est le lot de toute variété linguistique –

comprennent des particularismes lexicaux éloignés des modèles standards. Ces créations découlent de procédés sémantiques comme les emprunts à l'arabe [*être fellèh* = *être nul* de *fellah* = *paysan*], à l'occitan ou aux langues africaines (Banisti, 2001) ou les métonymies [*airbags* = *seins*] (Goudailler, 1987). On notera que la création lexicale se développe dans les champs sémantiques relevant de la violence, des actes de parole, de la femme, de l'argent (Lopez, 1999). On trouve aussi comme procédés lexicaux des effets formels, comme l'utilisation du verlan [*Il a kécla* (claqué en verlan) *tout son gencaille, sa race !* (Gencaille*, mot hybride, mixte de *argent* et *caillasse/caille* = argent) (cité par Caubet, corpus, 2001)] ou des apocopes et aphérèses [*plème* pour *problème*, *lèz* pour *balèze*, *tasse* pour *pétasse*, *zic* pour *musique* (cité dans Goudailler, 1987)].

D'un autre point de vue, les parlers urbains, ceux qui sont à la marge, à la périphérie, formes différentes donc des variétés plus standard, relèvent de fonctions déjà bien identifiées, fonctions cryptiques et fonctions ludiques. Plus forte sans doute reste aujourd'hui la fonction identitaire, quête d'une identité en marge et en perpétuel mouvement. Les pratiques langagières marquent les frontières des groupes, dominants et dominés (Bourdieu, 1982; Bres., 1994). Elle stigmatise l'autre. Les « bandes », « ceux qui sont dans le coup », « dans la rue » (Labov, 1978) détiennent et maîtrisent ce vernaculaire dit « de la banlieue ». Dans cette optique, le langage est à considérer comme un outil complexe permettant au locuteur de se situer dans un environnement social et de façonner sa propre identité. De cette façon, la culture langagière se construit sur des effets lexicaux singuliers mais aussi sur des activités rituelles particulièrement riches et techniques, qui relèvent du jeu et des prouesses verbales entre pairs. À partir d'un travail sur un quartier de Montpellier, Juan Lopez a dressé une typologie (1999) de ces figures rituelles. Elles vont de l'« enfade », harcèlement d'une victime au « baratin » qui a pour but de convaincre, séduire ou intimider l'interlocuteur. Le baratin fait appel à la répétition, à l'accumulation, à l'emphase, à l'ampleur des gestes et de la voix. La « grillade » consiste à « discréditer son interlocuteur par une réplique brève et percutante, pour évincer un adversaire. La victime d'une grillade reçoit une sanction, immédiate de la part du public « grillé », « tué », « boîté », « cramé » (Lopez, 1999, p. 47).

On peut rajouter à ces procédés le maniement de l'insulte, qui touche à la mère et à la race dans la communauté arabe, aux morts pour les Gitans, *nique tes morts*. Insultes très communes chez les jeunes qui fonctionnent à la deuxième ou troisième personne [*enculé de ta race/sa race; ta mère/ta race*]. Ces insultes peuvent être sans cesse réactivées, reconnotées même si elles fonctionnent aussi comme termes d'adresse, euphémistiques ou atténuateurs [*ta mère, arrête de me prendre la tête*] ou dans un effet de mot du discours, emphatique même [*c'est beau sa mère*], (cités dans Caubet, 2001). Sans oublier les effets de théâtralisation de la parole dans ces joutes verbales, le spectateur étant pris à partie dans le jeu, mise en scène que nous avons pu largement observer en situation scolaire, la classe en rôle de public dans des situations de conflits verbaux entre un enseignant et un élève (Moïse *et al.*, 2001a).

Une violence symbolique de la ville et des normes sociales

L'espace de la ville

Ce parler s'épanouit dans ce contexte singulier des banlieues, langues des cités face à une langue légitime. Il circonscrit inévitablement ce « nous autres », de la périphérie face au centre, de l'exclusion face à l'inclusion. Il marque ces espaces autour des villes, lieux de difficultés économiques et sociales où se jouent les quêtes identitaires. Les frontières des groupes minoritaires, de ces jeunes dits des banlieues, se définissent dans l'opposition ou mieux dans un mouvement d'oscillation entre attirances et rejets, fascinations et répulsions pour la société dominante. Attirance, parce que la position dominante donne accès à tous les pouvoirs que la société octroie, pouvoir de reconnaissance sociale et économique notamment, mais rejet aussi parce qu'elle impose, dans le même temps, sa norme. Accepter alors les valeurs dominantes demanderait à se conformer à certaines règles sociales, à faire éclater les frontières et finalement les marques d'identification minoritaire et d'opposition. L'espace de la banlieue se dessine alors comme un espace clos, défini par les jeunes (et là on parle d'adolescents âgés de douze à seize ou dix-huit ans) pour affirmer une identité qu'ils ne peuvent, en état d'adolescence, affirmer du côté dominant : se construit alors dans les banlieues une culture interstitielle, notion largement empruntée à « l'école de Chicago », état transitoire des jeunes qui, par leurs rituels sociaux et langagiers, se démarquent du groupe dominant (Lepoutre, 1997). L'identification des groupes, « ceux de... » tel endroit, telle ville ou telle cité (Lepoutre, 1997; Lopez, 1998), fait souvent référence à un territoire restreint, à des repères donnés par un quartier identifié voire par quelques blocs d'immeubles, par une façon de se vêtir, par des rituels sociaux, saluts, jeux du regard et, bien sûr, par des codes langagiers singuliers. L'espace de la banlieue est enfermant ou plutôt dessine les frontières, sentiment d'appartenance fort à un quartier – quand il faut retrouver un ancrage. Avant un spectacle dans les festivals de danse hip hop, on voit des groupes de diverses origines ethniques crier « 19e, 19e », s'ils viennent du 19e arrondissement ou « 4000 », s'ils viennent de ce quartier de la Courneuve, en banlieue parisienne.

Si les jeunes se dessinent leur territoire, les villes elles-mêmes tracent les enfermements et les replis; les circulations dans la ville sont à chaque fois singulières. Y a-t-il la traversée d'un métro, d'un tramway, un désenclavement du quartier stigmatisé, une ouverture sur un autre bord, un aller-retour vers le centre ville, y a-t-il vue sur la mer en haut des immeubles comme à Marseille ou Montpellier? Toutes ces configurations donnent des façons particulières à être. L'espace finalement ne se définit pas par un espace déterminé très objectivement (« j'habite là »), mais comme un espace physique, hors de la norme du centre, circonscrit dans une plus ou moins grande clôture, qu'il faudra alors marquer, affirmer avant de s'en libérer.

Les normes sociales et langagières

Cette norme du centre est toujours là, renvoyée par l'espace, par les groupes sociaux, mais aussi par les institutions et par la langue. Nous avons particulièrement pu déceler ce qui faisait « violence verbale » dans ce télescopage des normes en milieu scolaire (Moïse et Fillol, 2001; Moïse *et al.*, 2001). Il y a bien sûr le plaisir de jouer avec les procédés rhétoriques que j'ai mentionnés plus haut, caractéristiques de la culture de rue qui, dans un contexte normatif, vont faire violence. Cette violence des jeunes sera alors avant tout révélatrice des valeurs sociales, des positions de pouvoir, de la transgression de l'ordre social, etc. Elle sera aussi des réponses à la violence sociale symbolique renvoyée par l'institution et la domination, les formes adoptées dans l'interaction peuvent être comprises, au-delà des actes indivi-duels, comme des actes collectifs, identification par le langage à son groupe de référence et distanciation par rapport au modèle dominant. Ainsi, les usages individuels ou collectifs du langage rendent compte des enjeux de pouvoir sous-jacents aux discours émis. La parole utilisée par certains jeunes dans les banlieues, avec ses créations et ses formes ritualisées, jouera de la force symbolique du langage : mise à distance de l'autre et prise de pouvoir symbolique. Par le poids social et identitaire inhérent à ce parler, toute forme d'interaction, même parfois banale et quotidienne, se charge de valeurs et d'effets qui dépassent bien souvent l'interlocuteur dépourvu, peu au fait de ces jeux construits dans et par l'interaction. Quand un jeune adolescent lance une « vanne », quand il arrive à « griller » son interlocuteur, il affirme son pouvoir sur l'autre par un maniement souvent subtil des effets discursifs, mais il affirme encore l'appartenance à sa bande.

Nous avons observé combien les enjeux de pouvoir dans une salle de classe sont exacerbés. Dans un premier temps, l'espace clos de la salle et le contexte didactique attisent les rapports de forces en jeu dans la langue, elle qui porte, de par sa nature même – productrice d'existence et de réel –, le *rêve de pouvoir absolu* (Bourdieu, 1982, p. 21). Ce rapport de forces est d'autant plus fort dans les collèges en Zone d'éducation prioritaire, que les rapports de domination sociale dans les banlieues sont aigus. De l'autre côté de la fron-tière sociale règne la parole légitime et légitimée, celle de l'école et de la nation. Les attributs du pouvoir chez l'enseignant, l'*efficacité du discours d'autorité* (reposant sur une compétence linguistique et une fonction recon-nues), les rituels sociaux sont alors bien malmenés par les élèves. Parce que ces attributs les renvoient parfois à la domination sociale qu'ils subissent, les règles du pouvoir que les enfants mettent en jeu à travers la langue fonction-nent sur d'autres modes.

La ritualisation du cours ne permet pas souvent la prise de parole, et lorsque cette parole prend corps ou prend place, elle s'inscrit dans un contrat de parole pédagogique : il s'agit de répondre à une question posée et dès lors la réponse est « passible » de sanction. Nombreux sont les cours basés sur cet échange stéréotypé question/réponse/sanction.

Dans une situation de classe que nous avions observée, le début du conflit entre l'enseignante et l'élève était nettement marqué par la requête de l'enseignante : *voilà / Kader, tais-toi, je t'en prie*; l'ordre, la requête, la prière, la consigne, le devoir absolu, c'est de se taire, obéir, écouter, accepter : *on se tait, c'est tout ce qu'on vous demande.* Parler, répondre, contester, critiquer, c'est alors remettre en question le discours d'autorité. Lors d'un autre cours, un élève répétait à intervalles réguliers, systématiquement, les fins de phrases du professeur en imitant le timbre de voix, l'intonation et le rythme prosodique stéréotypé du discours de l'enseignante. L'élève résume bien ici sa position de récepteur passif, d'écouteur, mais n'est-ce pas là un aveu d'impuissance ? Cet enfant procède ici à un « travail » de dématérialisation, de déconstruction du discours. Du contenu du message, il ne reste rien, subsiste seulement la matérialité du signe, le continuum sonore scandé réduit à ses traits stéréotypiques. N'est-ce pas là une pratique de transgression et de contre-manipulation, voire une pratique maîtrisée de l'insolence, de l' « enfade » ?

Dans un tel contexte de pouvoir, les sujets énonciateurs sont les premiers constructeurs d'une représentation de l'autre. Cette représentation pose l'autre dans des formes stéréotypées et réductrices, formes qui se rejouent et se reconstruisent sans cesse dans l'interaction (« puisque tu es comme ça, je ne peux te parler autrement »). Formes stéréotypées, qui permettent sans doute de se protéger soi-même. Les représentations sont à la fois sociales et interculturelles et reposent inéluctablement sur la représentation identitaire de l'*autre* opposée au *même*. Si l'entre-soi est constitutif de tout fonctionnement humain – *pour construire le lien social, il a fallu lutter contre le désir de rester entre soi* (Héritier, 1999, p. 325) –, la valorisation de soi passe par la dévalorisation de l'autre. Ces représentations sont d'autant plus efficaces qu'elles sont réactivées, reprises par toute une production collective, qu'elles se diffusent au sein du groupe et le construisent. Les représentations des élèves par le corps enseignant sont le plus souvent dévalorisantes. On a remarqué à ce sujet (Moïse et Fillol, 2001) une forme énonciative récurrente, la métaphorisation animale qui vise à nier l'autre dans ses particularismes humains (Héritier, 1999). Au-delà même de la métaphore guerrière utilisée par certains enseignants, « c'est hyper dur on n'a pas fait / on n'a pas fait ce métier pour être en combat dans une arène hein / c'est pas le but du jeu hein » (Corpus Moïse, 2000), il est une production de sens particulièrement forte et symbolique, qui relègue l'élève au rang d'un animal à maîtriser. Ainsi, une enseignante de français, juge un élève *épouvantable, absolument épouvantable, ingérable, [...], insolent, indiscipliné complètement ingérable / il est allé en sas de remédiation prendant deux semaines ou trois, il nous est revenu docile comme jamais on l'avait vu. [...] puis en fin d'année quand même y en a moins y a eu des élèves exclus donc déjà ça a assaini l'atmosphère [...]*. Mais *assainir* n'est-ce pas « désinfecter » et « rendre plus pur » (*Petit Robert*, 1996) ?

Ainsi, plus qu'ailleurs, les échanges produits entre ceux de la « périphérie » et ceux du « centre » rendent compte d'une réalité sociale particulière, des frontières sociales – dominant et dominé – en jeu. On doit considérer les comportements verbaux des interlocuteurs comme des actes, des gestes, des tentatives pour créer du sens : inverser par la parole les rapports de pouvoir, sans aucun doute, provoquer, intimider l'autre, le ridiculiser, aussi sans doute. La violence verbale éclate alors, distorsions dans l'interaction qui prennent force aussi dans la violence symbolique dominante, dans la loi de l'ordre social.

Transfiguration des espaces discursifs et territoriaux

Les pratiques langagières

Reste parfois – dans une volonté d'exister, de s'opposer, de revendiquer sans s'enfermer ni aller au centre – une façon de se réapproprier les normes et ainsi de déplacer les frontières. Cette langue de la banlieue, distante de celle légitimée, se trouve réinvestie dans la création, dans les jeux verbaux de certains comiques, dans l'écriture de textes rap. Du côté des jeunes artistes, elle est retravaillée dans une parole différente, poétisée par une réappropriation du parler plus standard. Il s'agit alors de vriller et de s'emparer de la norme, langue reconnue, pour mieux la détourner. Le français normé semblerait être, en partie, la langue de base de presque toutes les chansons, mâtinée de verlan et de formes recherchées, littéraires ou rares. [*Quel est le meilleur parangon [...] une poignée au discours immobile comme des cariatides*, IAM, « Ombre et lumière », *Contrat de conscience* (cité par Trimaille, 2000, colloque de sociolinguistique, Tours)]. Si la maîtrise du verbe et donc la réappropriation de la norme servent sans doute le renversement du stigmate (Billiez, 1992), il me semble toutefois que le travail artistique va plus loin aussi, qu'il signifie un déplacement de la légitimité, une nécessité de prendre en compte les marges. Non seulement que les jeunes saisissent la norme, mais que la norme saisit les écarts et s'en voit malmenée, jusqu'à être à nouveau reconnue. Il faut vraiment insister sur le *recyclage verbal et vocal* du rap (Rubin, 2001) qui donnerait à voir subjectivité et identité des rapeurs. Recyclage qui *apparaît surtout dans sa virtuosité dans l'art de détourner, d'altérer et de s'approprier de manière souveraine des stéréotypes* – et je rajouterai des effets de langue –, *manifestant ainsi sa maîtrise et sa liberté créatrice*. Il suffit de reprendre le texte cité par C. Rubin pour comprendre les maniements et les détournements langagiers [*je deale mes crimes au ki-lo / coupés sur le bloc / choc hostile comme un Glock* (marque de pistolet) / *au stylo dis-tille avec style au micro la rage dans les blocs* (tour d'immeubles) / *claque les blood-clot* (pauvre type, origine jamaïcaine) / *mate* (regarde) *le beat* (rythme), groupe Ärsenik, *Quelques gouttes suffisent* (cité par Rubin, 2001)]. Par l'effet de transfiguration, de subversion créatrice, la langue se voit reconnue à travers sa marginalité même… mais artistique cette fois. À travers ces reconnaissances langagières, hors violence verbale la plupart du temps dans le rap français, se joue la reconnaissance sociale qui passera alors par les débats publics ou médiatiques, dans des formes de négociation et de compromis.

Les lieux de la ville

Réappropriation de la langue, réappropriation de la ville aussi. C'est là le travail des jeunes danseurs hip hop. De la ville au début, ils en ont renvoyé dans leur pièce la dureté; les premières chorégraphies hip hop, à tendance narrative, disaient bien souvent la violence urbaine, les conflits avec les forces de l'ordre. Mais très vite ces formes d'illustrations dansées ont été dépassées, l'énergie même de la danse transcendant toute agressivité. Aujourd'hui quand ils sentent toujours la nécessité d'un message social, les danseurs le détachent de la danse par une voix off, par les paroles des chansons et laissent vivre la danse. Ce qu'ils gardent, en revanche, c'est la modernité que leur offre la vie urbaine. La danse et les spectacles puisent leur fulgurance à la fois dans une énergie propre mais peut-être aussi dans ce rythme rapide, modèle contemporain de zapping, de passage d'une figure à une autre à la vitesse d'une image télévisuelle. Images clips télé, bandes dessinées, science fiction, univers para-militaires semblent hanter les imaginations des chorégraphes hip hop.

Mais en réalité, la création se situe aussi au-delà. C'est dans la ville que les danseurs hip hop ont construit leur danse; ils ont occupé l'espace comme les grafeurs se sont emparé des murs. Leur quartier d'origine et plus encore l'espace de la ville sont sources de création. Le hip hop a toujours amené ses membres à casser l'emprisonnement territorial de la banlieue, il est mouvement, déplacement d'un point à un autre, de la périphérie vers le centre. Et les danseurs, très vite, ont été poussés à redéfinir les frontières de leur propre territoire de danse, à sortir de leur blocs d'immeubles. La danse hip hop s'inscrit dans l'espace ouvert de la rue dans les centres ville pour se donner à la vue de tous, ne plus être en relégation; l'espace urbain n'a plus de limites, c'est celui de sa cage d'escalier où les danseurs ont fait leurs premiers pas, c'est le terrain de la cité, parkings, entrées des grandes surfaces, c'est encore les lieux repérés de la ville; aller de la périphérie au centre, vers la culture légitime. Du mouvement donc des marges au centre, du mouvement aussi de la terre au ciel, du cercle dans lequel les danseurs se donnent à voir et se défient – le cercle, figure ancestrale et traditionnelle, figure de la danse du combat dans un rapport à la terre – à l'envolée. L'espace de la ville pour la danse est ouvert, c'est l'espace aussi de la liberté et de l'envolée. Le hip hop s'accroche à la terre pour mieux s'en décoller, s'en arracher. Les danseurs, qui aujourd'hui travaillent dans les studios, ressentent souvent le besoin de retrouver les lieux d'inspiration et d'émotions premières, le ciel et la matière à même la terre. Comme ils s'amarrent au sol, ils peuvent aussi rebondir. Il y a toutes ces photos de danseurs dans l'espace urbain, en saut, en suspension au-dessus des toits, à l'instar de Jean Babilée, oiseau prenant son envol.

Turbulences artistiques, déplacements des frontières

De l'entre-deux

Certains acteurs des banlieues, par le choix qu'ils ont fait d'une culture qu'ils revendiquent, d'une pratique artistique qui est leur, désormais échappent à la dichotomie, périphérie et centre. La culture hip hop, par la musique, la danse ou le graf, offre une terre d'accueil, elle donne une place, une raison d'être, position sociale voire ethnique définie, propose des valeurs et un présent à construire, présent qui devient vivant. Le hip hop apporte alors une identification. « Le hip hop quel que soit son degré d'emprise, constitue sans aucun doute la forme la plus achevée et la plus cohérente de "culture cultivée" issue de la culture de rue des grands ensembles » (Lepoutre, 1997, p. 316). Issus de cette culture de rue, de cette culture « interstitielle », ils s'en sont éloignés mais y retournent souvent en passeurs : atelier de danse, d'écriture rap, etc. Il y a alors les pourvoyeurs de cette forme artistique déjà partiellement reconnue et défendue. Ceux-là sont déjà dans un entre-deux, hors du monde de référence, en passe de franchir le pas, d'être de l'autre côté, du côté dominant. Cet entre-deux reste toujours mouvant : comment ne pas quitter son groupe d'appartenance alors que l'on accepte les contraintes sociales, économiques de l'autre bord. Les jeunes du hip hop se détachent en partie de leur groupe social d'appartenance, de certaines habitudes de vie, de gestes quotidiens, d'un territoire géographique, d'un langage particulier. Ils passent donc les frontières. Non sans déchirement bien sûr. Comment sont-ils alors perçus, eux qui ont osé faire parfois le jeu des institutionnels ? Leur ville et leur banlieue restent des points de repère et d'identification, lieux de l'enfance et de la famille, lieux où se sont tissés les premiers liens sociaux de reconnaissance. Quand ils rencontrent un certain succès, les artistes ne rompent pas totalement avec leur groupe d'origine, ils habitent le plus souvent dans la cité. Ils ont valeur d'exemple. Quand ils sont appelés pour des stages ou des formations souvent rapides, en réponse à des demandes artistiques ou même sociales et politiques, ils n'ont pas besoin de s'adapter, l'acceptation est totale et sans condition. Ces artistes professionnels se reconnaissent en partie dans les comportements des plus jeunes, les plus jeunes les acceptent comme les leurs. La reconnaissance voire l'identification éventuelles sont à la fois évidentes et réciproques. Leurs critères d'identification mutuels sont repérables : même origine, même culture artistique, même connaissance du monde, même langage ou sentiments de partager ces mêmes valeurs.

Le passage des frontières, où comment faire vaciller les idéologies

Il a fallu d'abord ouvrir les théâtres, les salles. Les danseurs notamment le réclamaient, non parce qu'ils voyaient là un élément favorable à une éventuelle et meilleure intégration telle que les politiques la brandissaient – cette intégration, les danseurs l'avaient faite leur depuis longtemps –, mais parce que c'était une étape nécessaire à la prise en compte effective de leur potentiel artistique. Petit à petit, la danse hip hop est entrée dans la grande machine du ministère de la culture, le rap dans les circuits commerciaux. D'un autre point de vue, les groupes issus de l'immigration en France n'ont jamais remis en question les grands principes de la République, de la nation. Portés par le désir de promotion sociale, de reconnaissance économique, les parents puis les enfants se sont pliés aux consignes implicites de l'intégration, adoption des modèles culturels dominants, école laïque, abandon de sa langue maternelle, rejet parfois de ses origines. Peut-être même dans une honte de soi signifiée dans la francisation de son patronyme. Dans leur majorité, et davantage dans les régions qu'à Paris où les communautés sont plus regroupées, où la vie urbaine est plus agressive, les danseurs hip hop – le propos serait plus nuancé pour les rapeurs – n'utilisent pas leur pratique à des fins revendicatrices ou communautaires. Le champ de bataille des danseurs n'est pas celui des revendications politiques. Leur terrain de recherche est désormais leur matière artistique, faire bouger, imposer, donner à voir leur danse, partir à la rencontre d'une multiculture. On pourrait donc certes déplorer un manque de convictions politiques fortes : reconnaissance des spécificités culturelles, lois contre la discrimination raciale, demande de quotas en faveur des communautés... Rien de tout cela. Ils ont adopté le principe d'égalité pour tous et ne militent pas pour un droit à la différence. Ils imposent pourtant sans le marteler une nouvelle conception de la société française. Tout en restant fidèles à tous ces grands principes de collectivité nationale, ils imposent, par le constat de ce qu'ils sont et non par un acte politique délibéré, des changements subtils dans la représentation de l'identité française, ils ouvrent peut-être une nouvelle voie. Valoriser rapeurs et danseurs des banlieues, reconnaître une pratique populaire, c'est donner à voir différemment la société française, construite sur des différences ethniques.

En guise de conclusion

La violence verbale, celle perçue notamment en milieu scolaire, répond bien souvent à des effets de violence symbolique multiples, rapports de force institutionnels, relégation urbaine, discrimination sociale, difficultés économiques... Le langage, du jeu à l'agressivité, permet avant l'acte physique violent de juguler les positionnements sociaux, les conflits et les télescopages identitaires. Les parlers urbains, parmi lesquels s'inscrivent les jeux verbaux ritualisés, par leur nature même, dans leur distance par rapport à la norme, surprennent et déroutent. La violence verbale, qui se construit dans des interactions dissymétriques, rend compte alors des télescopages de normes sociales et langagières. Elle ne peut que signifier l'affrontement et devient l'unique et impossible réponse à la violence imposée de l'ordre social et urbain. La seule échappatoire possible reste la création, elle qui va, non plus dans l'opposition mais dans le détournement, redéfinir de nouvelles frontières, langagières, spatiales en attendant qu'elles soient définitivement sociales.

BIBLIOGRAPHIE

BACHMANN, Christian et Nicole Le GUENNEC (1996), *Violences urbaines : ascension et chute des classes moyennes à travers cinquante ans de politique de la ville*, Paris, Albin Michel.

BANISTI, N. (1998), « La construction de l'identité à travers les pratiques discursives de jeunes des quartiers Nord de Marseille », dans *Touche pas à ma langue !* Actes de la journée d'études, IUFM Académie d'Aix Marseille, 7 novembre 1998, Aix en Provence, Éditions Skolê.

BANISTI, N. (2001), « Marques identitaires du "parler interethnique" de jeunes Marseillais », dans *Les villes plurilingues*, Actes du colloque international sur les villes plurilingues, Libreville, 25-30 septembre 2000, Association universitaire francophone. À paraître.

BILLEZ, J. (1992), « Le "parler vernaculaire interethnique" de groupes d'adolescents en milieu urbain », dans *Des langues et des villes*, Actes du colloque de Dakar, 15-17 décembre 1990, Paris, Didier Érudition, coll. « Langues et développement ».

BOURDIEU, Pierre (1982), *Ce que parler veut dire : l'économie des échanges linguistiques*, Paris, Fayard.

BRES, Jacques (dir.) (1994), *Le récit oral : colloque international Montpellier, 24-26 juin 1993*, Montpellier, Praxiling, coll. « Langue et praxis ».

CALVET, Louis-Jean (1994), *Les voix de la ville*, Paris, Payot.

CAUBET, Dominique (2001), « Du *baba* (papa) à la mère, des emplois parallèles en arabe marocain et dans les parlures jeunes en France », dans *Entre les langues*, Paris, Cahiers d'études africaines. À paraître.

CHARLOT, Bernard et J.-C. EMIN (dir.) (1999), *Violences à l'école, état des savoirs*, Paris, Armand Colin.

CHESNAIS, Jean-Claude (1996, c1981), *Histoire de la violence en Occident de 1800 à nos jours*, Paris, Hachette, coll. « Pluriel ».

FLORO, Michel (1996), *Questions de violence à l'école*, Paris, Erès, coll. « Pratiques du champ social ».

GOUDAILLER, Jean-Pierre (1997), *Comment tu tchatches ! Dictionnaire du français contemporain des cités*, Paris, Maisonneuve et Larose.

HELLER, Monica (1998), *Linguistic Minorities and Modernity : A Sociolinguistic Ethnography*, London /New York, Longman.

HÉRITIER, Françoise (dir.) (2000), *De la violence*, Paris, Éditions Odile Jacob.

LEPOUTRE, David (1997), *Cœur de banlieue, codes, rites et langages*, Paris, Éditions Odile Jacob.

LABOV, William (1978), *Le parler ordinaire : la langue dans les ghettos noirs des États-Unis*, Paris, Éditions de Minuit. Traduction française de *Language in the Inner City*, 1972.

LOPEZ, J. (1998), « Grillades, enfande et baratin, formes ritualisées de communication chez les jeunes Pailladins », Mémoire de DEA, Université Paul Valéry.

LOPEZ, J. (1999), « Langue(s) des cités ou culture des rues ? »,

Langages d'enfance, paroles d'enfant, Paris, Erès, coll. « La lettre du GRAPE, n° 35 », p. 43-52.

MERLE, Pierre (1986), *Dictionnaire du français branché*, Paris, Seuil.

MOÏSE, Claudine (1999), *Danseurs du défi, rencontre avec le hip hop*, Montpellier, Indigène Éditions.

MOÏSE, Claudine et V. FILLOL (2001), « Effets de ruptures dans les rituels conversationnels : comment décrire la violence verbale ? », Actes du colloque international sur les villes plurilingues, Libreville, 25-30 septembre 2000. Association universitaire francophone. À paraître.

MOÏSE, Claudine *et al.* (2001), « La violence verbale : enjeux, méthode, éthique », Actes du colloque de Tours, France, pays de contacts de langues, 9-10 novembre 2000. À paraître.

RUBIN, C. (2000), « Le rap : de la mise en scène de stéréotypes à la jouissance de l'hypersubjectivité », Actes du XXIᵉ colloque d'Albi, *Langage et signification, usages, formes et stratégies*, 10-13 juillet 2000. Revue en ligne *Marges linguistiques* <www.marges-linguistiques.com>

TAP, Pierre (1990), « Crise personnelle et conflits d'intégration sociale », dans Armand TOUATI (dir.), *Conflits : origines, évolution, dépassement*, Marseille, Le journal des psychologues, Hommes et perspectives (Septième forum des psychologues, Montpellier, 15-17 juin 1989).

FRANCOPHONIES
D'AMÉRIQUE

DÉMOGRAPHIE COMPARÉE
DES MINORITÉS DE LANGUE OFFICIELLE[1]

Charles Castonguay
Université d'Ottawa

La *Charte canadienne des droits et libertés* emploie la langue maternelle comme critère d'appartenance à une minorité de langue officielle. Cependant, les données sur la langue parlée le plus souvent à la maison nous renseignent sur le nombre actuel de personnes qui parlent l'anglais ou le français de façon usuelle au foyer au moment du recensement. De plus, la langue maternelle des enfants correspond à la langue d'usage actuelle plutôt qu'à la langue maternelle de leurs parents.

Afin de saisir adéquatement la situation démographique des minorités, il convient donc d'examiner les deux types de données. Pour éviter toute confusion, nous nous servirons des mots *anglophone, francophone* et *allophone* seulement lorsqu'il s'agit des données sur la langue maternelle, pour désigner plus spécifiquement les personnes de langue maternelle anglaise, française et « autre ». Nos observations se fondent sur les données-échantillon des recensements de 1971, 1981, 1991 et 1996. Pour faciliter leur comparaison, nous avons simplifié les déclarations de langue maternelle ou d'usage double ou multiple de 1981 à 1996, de manière semblable aux simplifications effectuées par Statistique Canada pour 1971.

Tendances touchant la minorité de langue anglaise au Québec

La population de langue anglaise se stabilise

En bref, au Québec la minorité anglophone se trouve, tout comme la majorité francophone, aux prises avec une sous-fécondité chronique. Mais le pouvoir d'assimilation de l'anglais compense en grande partie la sous-fécondité anglophone. De sorte que du point de vue du remplacement des générations, la population de langue anglaise se porte aussi bien au Québec que dans le reste du Canada, et nettement mieux que la population québécoise de langue française. La minorité anglophone a même pu stabiliser ses effectifs grâce à la résorption récente de ses pertes migratoires. Son intégration plus poussée au sein d'une société de langue française promet donc d'assurer son avenir. Examinons cela de plus près.

Le tableau 1 montre que la population de langue anglaise au Québec a d'abord connu une baisse importante entre 1971 et 1991. Sur l'ensemble de cette période, la réduction totale des effectifs est de 20,6 % selon la langue maternelle et de 14,1 % selon la langue d'usage. Puis, entre 1991 et 1996, la minorité n'a baissé que légèrement en matière de langue maternelle, et est demeurée stable quant à la langue d'usage.

Tableau 1
Population de langue anglaise au Québec, 1971 à 1996

	1971	1981	1991	1996
Langue maternelle (1)	788 830	693 600	626 200	621 858
Langue d'usage (2)	887 875	806 785	761 815	762 457
Excédent ((2) moins (1))	99 045	113 185	135 615	140 599
Excédent en % de (1)	12,5 %	16,3 %	21,7 %	22,6 %

Source : Louise Marmen et Jean-Pierre Corbeil, *Les langues au Canada*, Ottawa, Statistique Canada, 1999, tableaux A.1 et A.2.

L'évolution moins défavorable de la minorité du point de vue de la langue d'usage traduit la puissance de l'anglais en tant que langue d'assimilation. L'excédent de la population de langue d'usage anglaise relativement à celle de langue maternelle anglaise provient surtout du fait que de nombreux allophones dans la région de Montréal adoptent l'anglais comme langue principale à la maison. Les deux dernières lignes du tableau 1 font ressortir que malgré le déclin de la population de langue maternelle anglaise, les gains de l'anglais par voie d'assimilation ne cessent de croître au Québec en chiffres tant relatifs qu'absolus.

La puissance assimilatrice de l'anglais

Cette assimilation des allophones à l'anglais compense en bonne partie la sous-fécondité des anglophones. La fécondité anglophone au Québec est en fait très insuffisante depuis 1971. Mais les allophones anglicisés élèvent habituellement leurs enfants en anglais. Ceux-ci sont donc de langue maternelle anglaise. Si bien que malgré la sous-fécondité, les enfants de langue maternelle anglaise sont presque aussi nombreux que les jeunes adultes anglophones. Cela ressort clairement du profil de la minorité selon l'âge (figure 1).

Figure 1

Profil selon l'âge de la population de langue maternelle anglaise, Québec, 1996

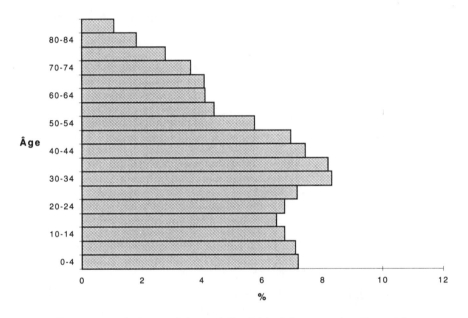

Pourcentage relativement à la population totale de langue maternelle anglaise

Les jeunes enfants au bas du profil sont à peine moins nombreux que les jeunes adultes les plus susceptibles d'être leurs parents, qui se trouvent au milieu du profil.

Plus précisément, le nombre de jeunes enfants représente 91 % du nombre de jeunes adultes susceptibles d'être leurs parents. Ce pourcentage, qui s'appelle le *taux de remplacement* des générations anglophones au Québec, se calcule au moyen des chiffres du tableau 2, qui ont servi à tracer la figure 1. On divise le nombre des 0 à 4 ans par la moitié de la somme des 25 à 29 ans et des 30 à 34 ans, en guise d'estimation du nombre de jeunes adultes âgés de 27,5 à 32,5 ans (l'espace entre les générations est présentement d'environ 27,5 ans; il faut aussi hausser le dénominateur de 2 % pour tenir compte de la mortalité précoce qui survient entre la naissance et l'âge de procréer).

Tableau 2
Population de langue maternelle anglaise selon l'âge, Québec, 1996

Âge	Nombre	% du total	Âge	Nombre	% du total
85 +	6 642	1,07	40-44	46 304	7,45
80-84	11 299	1,82	35-39	50 842	8,18
75-79	17 360	2,79	30-34	51 607	8,30
70-74	22 639	3,64	25-29	44 648	7,18
65-69	25 299	4,07	20-24	41 897	6,74
60-64	25 645	4,12	15-19	40 263	6,47
55-59	27 488	4,42	10-14	41 980	6,75
50-54	35 744	5,75	5-9	44 181	7,10
45-49	43 332	6,97	0-4	44 688	7,19
			Total	621 858	100,0

Source : Compilation spéciale du recensement de 1996 et calculs de l'auteur.

Un taux de remplacement de 91 % équivaut à un *déficit entre les générations* de seulement 9 %. Or, la fécondité anglophone au Québec n'était que de 1,63 enfant par femme entre 1991 et 1996. Relativement au seuil de remplacement « biologique » que les démographes fixent à 2,1 enfants par femme, cela représenterait un déficit de 22 % entre les générations anglophones. Nous avons vu que le déficit n'est effectivement que de 9 %, grâce à l'assimilation. Les retombées de l'anglicisation des allophones – en tant que moyen de générer davantage d'enfants de langue maternelle anglaise – comble ainsi à l'heure actuelle la majeure partie du déficit biologique de la minorité anglophone. Par conséquent, le profil selon l'âge de cette minorité évoque simplement une population en voie de vieillissement.

Il est instructif de comparer le taux de remplacement de 91 % qui ressort de ce profil démographique à celui d'autres populations. Au Québec, le taux de fécondité des francophones est identique à celui des anglophones. Mais parce que le français n'assimile pas une part équitable d'allophones comparativement à l'anglais, le taux de remplacement des générations francophones est seulement de 84 %. D'autre part, le taux de remplacement des générations anglophones dans le reste du Canada est de 93 %. En somme, du point de vue du remplacement des générations, la population de langue anglaise se porte aussi bien au Québec que dans le reste du Canada, et nettement mieux que la population québécoise de langue française.

L'importante réduction de la minorité de langue anglaise survenue au Québec entre 1971 et 1991 est donc attribuable avant tout à des pertes migratoires exceptionnelles. Il semble toutefois que la grande majorité de ceux qui, dans la foulée de la Révolution tranquille, tenaient à quitter le Québec sont partis. Une fois cette conjoncture franchie, le déficit migratoire de la minorité anglophone s'est largement résorbé. N'eût été de sa sous-fécondité persistante, le recrutement de nouveaux effectifs par voie d'assimilation aurait pu entraîner plus récemment une reprise de la croissance de la population de langue anglaise au Québec.

L'intégration pour assurer l'avenir

Si la minorité anglophone demeure aussi sous-féconde, son poids au sein de la population du Québec continuera à reculer au profit de celui des allophones qui bénéficient d'une immigration internationale régulière. En revanche, il est plus difficile de prévoir l'évolution future de la minorité de langue anglaise en chiffres absolus. Par suite de la loi 101, la part de l'anglais dans l'assimilation des allophones baissera sans doute relativement à celle du français. Mais cela se trouvera compensé par la croissance de la population allophone : il y aura de plus en plus d'allophones à assimiler. Par conséquent, la stabilisation de la population de langue anglaise devient possible, comme cela s'est produit entre 1991 et 1996, dans la mesure où ses pertes migratoires interprovinciales demeurent assez faibles.

À cette fin, il faudrait encourager la jeunesse anglophone à s'intégrer avec enthousiasme à une société de langue française. Cela veut dire qu'au lieu de contester à outrance le caractère français du Québec, les représentants de la minorité auraient intérêt à réorienter leur discours politique, voire la politique linguistique canadienne, de manière à promouvoir plutôt une perception positive du français comme langue officielle et commune de la province. Des ajustements de ce genre seraient susceptibles d'atténuer de façon définitive la propension des jeunes anglophones à quitter le Québec.

Par ailleurs, au bout du compte, la redistribution de la population de langue anglaise par voie de migration interprovinciale n'a rien d'un processus de disparition, irréversible et absolu. Les anglophones qui quittent le Québec ne disparaissent pas pour autant. Tout simplement, ils évoluent autrement au sein de la majorité de langue anglaise du Canada.

Il n'en va pas de même de l'érosion des minorités francophones hors Québec par la voie de l'assimilation à l'anglais. Les enfants des parents anglicisés grossissent les rangs de la population anglophone et sont perdus pour la population francophone. Pareil mécanisme contribue de façon définitive à la réduction de la population de langue française à l'extérieur du Québec tout comme au Canada dans son ensemble.

Tendances parmi les minorités de langue française hors Québec

Sous-fécondité et anglicisation compromettent le remplacement des générations

Nous avons vu comment au Québec le pouvoir d'assimilation de l'anglais compense la sous-fécondité de la population anglophone. Parmi la population de langue française à l'extérieur du Québec, l'assimilation à l'anglais produit l'effet contraire. Elle compromet de façon définitive le remplacement des générations. Comme résultat, la population de langue maternelle française a plafonné, tandis que celle de langue d'usage française baisse de façon continue. Ce qui contribue à pousser la population de langue française du Canada dans son ensemble vers le déclin.

Le tableau 3 montre en effet que la population de langue maternelle française hors Québec a fluctué de façon irrégulière entre 1971 et 1996. En même temps, celle de langue d'usage française a baissé continuellement et accuse une réduction de 8,5 % sur l'ensemble de la période.

Tableau 3
Population de langue française à l'extérieur du Québec, 1971 à 1996

	1971	1981	1991	1996
Langue maternelle (1)	926 400	923 605	976 415	970 207
Langue d'usage (2)	675 925	666 785	636 640	618 522
Déficit ((1) moins (2))	250 475	256 820	339 775	351 685
Déficit en % de (1)	27,0 %	27,8 %	34,8 %	36,2 %

Source : Louise Marmen et Jean-Pierre Corbeil, *Les langues au Canada*, Ottawa, Statistique Canada, 1999, tableaux A.1 et A.2.

Le déficit des effectifs de langue d'usage française relativement à ceux de langue maternelle française, partout visible dans ce tableau, provient spécifiquement de l'assimilation à l'anglais de nombreux francophones minoritaires. Ce déficit a augmenté en chiffres tant relatifs qu'absolus. La dernière ligne du tableau indique en fait que le *taux d'assimilation* à l'anglais de la population francophone, ou *taux d'anglicisation*, ne cesse de croître.

Ajoutons que la migration interprovinciale a historiquement toujours profité à la population francophone hors Québec aux dépens de celle du Québec. Cependant, depuis le milieu des années 1980 cette source semble tarie. En fait, les autres provinces ont perdu 5 200 francophones au profit du Québec en 1986-1991, et 1 200 autres en 1991-1996[2]. Ces récentes pertes migratoires demeurent néanmoins très faibles au regard de la population minoritaire en cause. La stagnation des effectifs de langue maternelle française hors Québec de même que la baisse continue de ceux de langue d'usage française s'expliquent davantage par la sous-fécondité et l'assimilation.

La fécondité francophone hors Québec est passée sous le seuil de remplacement des générations au milieu des années 1970. Par conséquent, sous-fécondité et assimilation agissent désormais de concert. Le profil de la population francophone hors Québec selon l'âge en témoigne (figure 2). Depuis le *baby boom*, la relève n'a cessé de fondre.

Figure 2

Profil selon l'âge de la population de langue maternelle française hors Québec, 1996

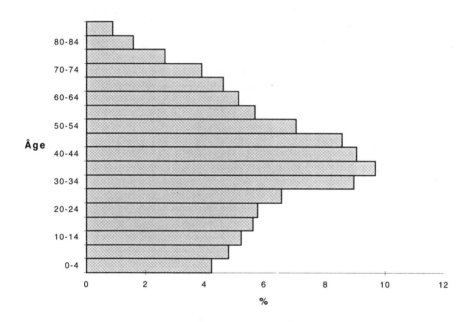

Pourcentage relativement à la population totale de langue maternelle française

Le taux de remplacement des générations se calcule à l'aide du tableau 4. Il est de 54 %. Cela équivaut à un déficit entre les générations de 46 %. Autrement dit, les jeunes enfants francophones sont *grosso modo* moitié moins nombreux que la génération de leurs parents. C'est pourquoi le plafonnement actuel de la population de langue maternelle française, constatée au tableau 3, préfigure une baisse imminente. C'est en quelque sorte la pointe de l'iceberg. À moins d'un apport migratoire aussi important qu'imprévu, la population francophone hors Québec suivra une tendance au déclin comme celle qui mine déjà les effectifs selon la langue d'usage. Son profil selon l'âge est celui d'une minorité qui, après avoir connu plus de deux siècles de croissance, bascule vers la disparition. Les différentes situations régionales relevées à la section suivante apporteront tout au plus certaines nuances à ce jugement.

Depuis le début des années 1980, la fécondité francophone à l'extérieur du Québec n'a pas excédé 1,60 enfant par femme. Elle était de 1,57 entre 1991 et 1996. Relativement au seuil de remplacement biologique de 2,1, cela représente un déficit de 25 %. Comme nous l'avons vu, le déficit actuel est de 46 %, soit de 21 points de pourcentage plus élevé. Ce 21 % de plus est attribuable à l'assimilation. Les jeunes adultes francophones qui adoptent l'anglais comme langue d'usage élèvent habituellement leurs enfants en anglais. Ceux-ci sont alors de langue maternelle anglaise et, au lieu de se trouver à la base de la figure 2, contribuent à renflouer la base du profil selon l'âge de la majorité anglophone, qui est presque aussi sous-féconde. En somme, à l'heure actuelle, sous-fécondité et assimilation comptent pour une part à peu près égale du déficit de 46 % entre les générations francophones au niveau de l'ensemble de la population de langue française à l'extérieur du Québec.

Tableau 4
Population de langue maternelle française selon l'âge,
Canada moins Québec, 1996

Âge	Nombre	% du total	Âge	Nombre	% du total
85 +	8 672	0,89	40-44	87 828	9,05
80-84	15 145	1,56	35-39	93 925	9,68
75-79	25 916	2,67	30-34	86 936	8,96
70-74	37 698	3,89	25-29	63 568	6,55
65-69	44 871	4,62	20-24	56 063	5,78
60-64	49 913	5,14	15-19	54 665	5,63
55-59	55 166	5,69	10-14	50 740	5,23
50-54	68 358	7,05	5-9	46 625	4,81
45-49	82 976	8,55	0-4	41 143	4,24
			Total	**970 207**	**100,0**

Source : Compilation spéciale du recensement de 1996 et calculs de l'auteur.

La comparaison des figures 1 et 2 ainsi que des taux de remplacement correspondants fait ressortir la situation diamétralement opposée de la minorité anglophone du Québec en regard de celle de la population francophone dans le reste du Canada. Puisque fécondité anglophone au Québec et fécondité francophone hors Québec sont à toutes fins utiles égales depuis le milieu des années 1980[3], cette différence fondamentale émane exclusivement de la puissance assimilatrice de l'anglais, tant au Québec que dans les autres provinces. Une autre façon de saisir les situations démographiques opposées des deux populations est de comparer directement leurs effectifs en chiffres réels aux tableaux 2 et 4, à partir du groupe des 45 à 49 ans jusqu'à celui des 0 à 4 ans. Autant la stabilité des effectifs est remarquable chez les anglophones du Québec, autant leur effondrement est dramatique chez les francophones hors Québec. En effet, alors que les adultes francophones d'âge mûr sont presque deux fois plus nombreux que leurs vis-à-vis anglophones, on compte en fin d'exercice davantage de jeunes enfants de langue maternelle anglaise au Québec que de jeunes enfants francophones dans l'ensemble des neuf autres provinces.

Viabilité démographique régionale et disparition tendancielle

On reproche souvent aux chercheurs de parler de la disparition éventuelle des minorités francophones trop éloignées du Québec. Il est néanmoins utile à des fins descriptives d'employer ce vocable dans le sens précis que lui donnent les démographes : « quand une population diminue de 20 à 30 % en 30 ans, elle est en voie de disparition[4] ». En examinant les différentes situations régionales, nous dirons donc qu'une minorité donnée est en voie de *disparition tendancielle* lorsqu'elle perd environ le quart de ses effectifs – ou plus – à chaque génération. Ce n'est pas encore le cas pour l'ensemble de la population de langue française à l'extérieur du Québec. Mais vu la figure 2 et l'actuel déficit de 46 % entre les générations, cela paraît inéluctable à plus ou moins brève échéance, à moins d'apports migratoires importants et soutenus.

Si le déficit entre les générations francophones est considérable parmi chaque minorité régionale, son ampleur varie d'une région à l'autre en fonction du déficit biologique des francophones et, surtout, de leur taux d'assimilation à l'anglais. Chacune des minorités provinciales est sous-féconde, mais le taux d'anglicisation varie de beaucoup entre les provinces et régions.

L'anglicisation est à son plus faible au Nouveau-Brunswick. C'est également la seule minorité francophone qui a su faire baisser le taux d'anglicisation parmi ses jeunes adultes âgés de 25 à 34 ans, groupe stratégique pour le remplacement des générations : il est passé de 11 % en 1971 à 9 % en 1996. Aussi la sous-fécondité explique-t-elle la majeure partie du déficit actuel de 36 % entre les générations francophones dans cette province. Puisque le nombre d'enfants ne cesse de se réduire, la minorité de langue française, tant selon la langue maternelle que selon la langue d'usage, a cessé de croître.

L'anglicisation est beaucoup plus répandue en Ontario où son taux parmi les 25 à 34 ans est passé de 36 % en 1971 à 44 % en 1996. Le déficit actuel entre les générations francophones s'élève à 44 %. Le profil de la minorité selon l'âge ressemble donc de très près à celui de l'ensemble des francophones hors Québec (figure 2). La population de langue maternelle française ne progresse plus. Celle de langue d'usage française s'est réduite de 13 % depuis 1971.

La situation est un peu meilleure dans l'Est de l'Ontario (divisions de recensement d'Ottawa-Carleton, de Prescott-Russell et de Stormont-Dundas-Glengarry), où l'anglicisation des 25 à 34 ans est de 32 % et le déficit entre les générations, de 33 %; ainsi que dans le Nord (divisions de Sudbury, Cochrane, Timiskaming et Nipissing), où on note une assimilation des jeunes adultes de 34 % et un déficit de 35 %. Dans le reste de la province, l'effondrement entre les générations est plus marqué : assimilation de 65 %, déficit entre les générations de 62 %. Retenons à quel point le taux d'anglicisation des jeunes adultes de 25 à 34 ans, mesuré en fonction de leur langue d'usage à la maison, s'avère un excellent indicateur de la vitalité démographique intrinsèque des populations francophones dans les différentes régions de l'Ontario.

On pouvait espérer que la *Loi sur les langues officielles* du Canada réduise l'assimilation du moins dans la région de la capitale canadienne, qui compte la plus importante concentration de francophones à l'extérieur du Québec. Or, il n'en est rien. L'anglicisation des jeunes adultes augmente constamment à Ottawa comme partout ailleurs en Ontario. Dans la division de recensement d'Ottawa-Carleton, dont les limites coïncident désormais avec celles de la nouvelle ville d'Ottawa, le taux est passé de 22 % en 1971 à 26 % en 1981, à 33 % en 1991 et à 40 % en 1996. Ici encore, le déficit actuel entre les générations francophones est également de 40 %. Et la population de langue française de la nouvelle capitale du Canada est en déclin.

Dans chacune des autres provinces, le taux d'assimilation des 25 à 34 ans et le déficit entre les générations francophones sont de l'ordre de 50 % ou plus. L'effritement de la relève y est donc encore plus sévère que ce que nous montre la figure 2. Par conséquent, sauf en Colombie-Britannique, les minorités en cause sont toutes en voie de disparition tendancielle. Entre 1971 et 1996, la population de langue d'usage française a baissé de 56 % à Terre-Neuve, de 31 % à l'Île-du-Prince-Édouard, de 24 % en Nouvelle-Écosse, de 42 % au Manitoba, de 63 % en Saskatchewan et de 21 % en Alberta. Si, à la faveur du boom pétrolier, la minorité a d'abord augmenté en Alberta entre 1971 et 1981, elle a chuté par la suite de 40 % entre 1981 et 1996.

La Colombie-Britannique fait mollement exception. Sa population de langue d'usage française a parfois augmenté au gré des apports migratoires interprovinciaux et internationaux. Mais elle n'a aucun enracinement démographique. Le taux d'assimilation des jeunes adultes nés dans la province est tout près de 90 % et le déficit entre les générations francophones s'élève à 72 %. La situation est analogue au Yukon et dans les Territoires du Nord-Ouest.

La perspective globale

L'anglicisation croissante des francophones minoritaires ne compromet pas seulement l'avenir de la population de langue française au Canada anglais. Elle annule aussi le maigre profit démographique réalisé jusqu'ici au Québec en matière de francisation des allophones. En effet, au niveau de l'ensemble du Canada le taux de remplacement des générations francophones n'est que de 79 %, ce qui équivaut à leur taux de remplacement biologique.

La majorité canadienne de langue anglaise est donc seule à tirer de l'assimilation des allophones un profit net qui compense en grande partie sa sous-fécondité. Voilà pourquoi il est souvent question du vieillissement de la population canadienne, largement de langue anglaise. Mais jamais de so éventuel déclin. Et voilà pourquoi la perspective est tout autre pour la population de langue française du Canada. Après quatre siècles de croissance, c'est le déclin ou, si l'on veut, la disparition tendancielle qui lui pend au bout du nez.

Devant cette perspective globale, la solution au préjudice démographique dont souffre la population de langue française au Canada, relativement à celle de langue anglaise, se trouve en tout premier lieu au Québec. Pour compenser autant que possible la sous-fécondité francophone au Canada, les règles du jeu devront changer de sorte que, du moins au Québec, l'assimilation appuie le remplacement des générations francophones au même degré que celui des générations anglophones. Ainsi, il n'y a pas lieu de se préoccuper outre mesure de l'avenir de la population québécoise de langue anglaise. En revanche, il incombe à Ottawa et à Québec de se concerter d'urgence sur de nouvelles mesures à prendre pour intensifier la francisation des immigrants allophones à Montréal.

Quant aux minorités de langue française à l'extérieur du Québec, en l'absence d'apports migratoires substantiels et continus elles sont vouées à un déclin plus ou moins rapide, en fonction du déficit entre leurs générations. Même celles qui profitent régulièrement de la migration font en quelque sorte illusion : la population francophone de la Colombie-Britannique n'a guère plus de viabilité démographique intrinsèque que celle de la Californie.

Il n'existe pas de remède général adéquat au déficit entre les générations francophones à l'extérieur du Québec. L'adoption de l'anglais comme langue principale à la maison est devenue la norme parmi les jeunes adultes francophones à l'extérieur du Nouveau-Brunswick ainsi que de l'Est et du Nord de l'Ontario. Il est illusoire de prétendre renverser pareille norme, qui a pénétré jusque dans le créneau le plus intime de la vie privée.

En revanche, le succès relatif de la minorité francophone du Nouveau-Brunswick dans ses efforts visant à éliminer l'anglicisation nous paraît instructif. Le modèle acadien, si l'on peut dire, comporte une distanciation certaine par rapport à la majorité linguistique provinciale : une quasi-reconnaissance en tant que peuple (loi 88), une loi sur les langues officielles et un réseau significatif d'institutions de langue française gérées par la minorité. L'Ontario français pourrait s'en inspirer : par la reconnaissance sous une forme ou une autre d'un peuple canadien-français; la proclamation de districts bilingues dans les régions Est et Nord, tels qu'envisagés par la Commission Laurendeau-Dunton; le développement dans ces districts d'un réseau d'institutions de langue française comparable à celui de la minorité de langue anglaise du Québec, conformément à ce que prévoyait la même commission[5].

Le taux d'assimilation des jeunes adultes francophones a atteint 40 % dans la nouvelle capitale d'un pays officiellement bilingue. Ce scandale national ne saurait prendre des proportions encore plus incongrues. La politique linguistique canadienne doit se donner comme objectif explicite de contrer l'anglicisation des francophones dans les parties du Canada à l'extérieur du Québec où les minorités de langue officielle sont encore assez viables. Cela exige entre autres d'accorder une plus large place aux différences nationales et territoriales et, dans la loi linguistique proprement dite, au principe de territorialité.

NOTES

1. La présente étude est le fruit de recherches entreprises à l'origine à la demande du regretté sénateur Jean-Maurice Simard, puis pour le Programme de contestation judiciaire du Canada. L'auteur a bénéficié également du soutien du Conseil de recherches en sciences humaines du Canada.

2. Louise Marmen et Jean-Pierre Corbeil, *Les langues au Canada*, Ottawa, Statistique Canada, 1999, tableau 5.7.

3. *Ibid.*, tableau 5.1.

4. Jacques Henripin et Réjean Lachapelle, « Les perspectives d'avenir des groupes linguistiques au Québec », *Le Devoir*, 7 juillet 1977.

5. Commission royale d'enquête sur le bilinguisme et le biculturalisme, *Rapport final*, Ottawa, Information Canada, 1967, vol. 1, p. 122.

NOUVELLES TECHNOLOGIES D'INFORMATION ET DE COMMUNICATION : ACCÈS ET USAGES CHEZ LES JEUNES FILLES ET GARÇONS FRANCOPHONES EN ONTARIO[1]

Ann Denis et Michèle Ollivier
Département de sociologie
Université d'Ottawa

Le texte qui suit présente les résultats d'une recherche exploratoire portant sur l'usage des nouvelles technologies d'information et de communication, notamment le courriel, le clavardage *(chat)* et le Web, chez les jeunes filles et garçons francophones en Ontario. À partir de trois axes d'analyse, soit le sexe, la langue parlée à la maison et le revenu familial, nous examinons le degré d'accès des jeunes à la technologie, les usages qu'ils en font et les perceptions qu'ils nourrissent à propos de ses effets sur divers aspects de leur vie quotidienne. Cette recherche s'inscrit dans une réflexion plus large sur les formes d'inégalités liées à la culture dans un monde où l'acquisition de compétences culturelles diversifiées, surtout chez les jeunes, est vue comme la clé du développement économique des sociétés et de la réussite individuelle. Dans un premier temps, nous discutons brièvement des préoccupations théoriques qui sont à l'origine de notre recherche. Dans un deuxième temps, nous présentons les résultats d'une enquête par questionnaire et entrevues de groupe réalisée auprès de jeunes des écoles secondaires francophones de quatre régions de l'Ontario.

Culture et inégalités dans les sociétés du savoir

Dans l'étude sur les pratiques culturelles des jeunes Québécois de 15 à 35 ans publiée par le ministère de la Culture et des Communications du Québec en juin 2000, on affirme, en introduction :

> La capacité d'adaptation du Québec aux changements profonds qui touchent de la même façon l'ensemble des pays industrialisés dépend à la fois des *compétences* et de la *qualification* acquises par la population de même que de sa capacité collective d'*ouverture sur le monde*. Qui mieux que les *jeunes*, avec la créativité, le dynamisme et l'esprit d'innovation qu'on leur reconnaît est en mesure de faire face à de nouvelles réalités ? Quelle plate-forme autre que celle de la *culture*, lieu privilégié d'intégration sociale des jeunes, offre de meilleures chances d'actualiser leur potentiel ? [...] Les pratiques

culturelles des jeunes, riches et diversifiées, sont un *atout majeur du développement social et économique du Québec* (Séguin-Noël et Garon, 2000 – C'est nous qui soulignons certains passages).

Dans ce texte, on retrouve les éléments clés du discours actuel sur la nature des transformations qui affectent les sociétés postindustrielles et sur les défis qui en découlent. Premièrement, on y affirme que la capacité d'adaptation au changement d'une société dépend des compétences, des qualifications et de l'ouverture au monde de sa population. Deuxièmement, que les jeunes, avec leur culture plurielle et dynamique, sont les mieux à même de faire face à cette nouvelle réalité. Troisièmement, que l'acquisition de compétences passe par l'accès à la culture, au sens de pratiques qui comprennent aussi bien la lecture et la fréquentation des musées que l'écoute de la télévision et l'usage des nouvelles technologies. Et finalement, que ce sont les jeunes, avec leurs pratiques culturelles riches et diversifiées, qui sont la clé du développement économique et social de demain.

Ces affirmations sont représentatives d'un discours omniprésent à l'heure actuelle, qui annonce l'avènement d'un nouveau type de société fondé sur le savoir (Castells, 1999). L'économie du troisième millénaire serait ainsi fondée non plus sur la production industrielle de biens, mais sur la capacité des entreprises et des individus de créer, d'acquérir et d'utiliser les connaissances, dans un contexte d'innovation technologique et scientifique accélérée. Les nouvelles technologies sont présentées comme jouant un rôle détermimant, dans ce nouveau type de société, notamment comme moyens d'accès à des sources quasi illimitées d'information. Comme les autres pratiques culturelles, les technologies d'information et de communication sont des outils qui contribuent à la constitution de répertoires culturels plus ou moins diversifiés. Dans ce contexte, il est préoccupant de constater que certains groupes, plus particulièrement les femmes, les francophones du Québec et du Canada et les personnes à faible revenu, accusent depuis longtemps un retard dans l'accès à la technologie (Ollivier, 2001).

Devant ce nouveau type de société, plusieurs annoncent la constitution de nouvelles formes d'inégalités sociales fondées avant tout sur la capacité d'accès aux connaissances. Dans les sociétés fondées sur le savoir, la diversité des répertoires culturels serait devenue une importante source de pouvoir. La connaissance des codes culturels appropriés à différents milieux de même que la capacité de passer rapidement d'un code à un autre deviendraient plus utiles socialement que la familiarité avec un nombre limité de codes culturels trop étroitement associés à une classe sociale, à un groupe ethnique ou à un contexte local (Ollivier et Fridman, 2001). Cette hypothèse de l'émergence de nouvelles formes d'inégalités semble confirmée par de nombreuses recherches récentes en sociologie de la culture, qui font état d'une forte association entre le statut socio-économique (mesuré en fonction du revenu et de l'éducation) et la diversité des répertoires culturels (Peterson, 1992; Donnat, 1994).

Ces réflexions constituent la toile de fond dans laquelle s'inscrit notre recherche. L'usage d'Internet chez les jeunes est-il réellement associé, comme on l'a souvent prétendu, à une démocratisation de l'accès aux connaissances ? Les nouvelles technologies favorisent-elles l'accès au savoir de façon uniforme chez tous les groupes sociaux ou, au contraire, mènent-elles à la reproduction ou même à la polarisation des inégalités existantes fondées sur le sexe, le revenu et la langue d'usage ? La seconde partie de cet article présente les résultats d'une recherche exploratoire visant à déterminer comment certaines dimensions de l'identité sociale liées au sexe, au revenu des parents et à la langue d'usage influencent l'accès aux nouvelles technologies et les usages qui en sont faits chez les jeunes vivant en milieu minoritaire.

Résultats

1. Échantillon

Dans le cadre de cette enquête exploratoire, réalisée au printemps 2000, nous avons distribué 98 questionnaires et réalisé dix entrevues de groupe auprès de jeunes de 12e et 13e années dans des écoles francophones de quatre régions de l'Ontario : Ottawa, Prescott-Russell, Toronto et Sudbury. La très grande majorité (84,2 %) des jeunes rencontrés ont 18 et 19 ans et les filles sont surreprésentées (62,2 %). Notre échantillon compte 37,5 % de francophones (qui parlent toujours français à la maison), 34,4 % de bilingues (qui le parlent souvent) et 28,2 % d'anglophones (qui parlent rarement ou jamais le français)[2]. L'usage du français varie toutefois considérablement selon les écoles visitées, et les filles sont surreprésentées chez les francophones. Le revenu familial moyen[3] des jeunes interrogés se situe dans la catégorie de 60 000 $ à 69 999 $. À titre de comparaison, le revenu moyen des familles époux-épouses était de 66 452 $ dans l'ensemble du Canada en 1998. Dans le texte qui suit, le revenu familial a été réparti selon trois catégories, soit moins de 60 000 $, 60 000 à 89 9999 $ et 90 000 $ et plus. Pour alléger le texte, nous utilisons les termes suivants : familles à revenus modestes, moyens et élevés. Finalement, il est important de noter que les données doivent être considérées avec prudence puisqu'elles sont tirées d'un échantillon restreint, sélectionné de façon non aléatoire.

2. Questions d'accès (voir le tableau 1)

Accès à l'ordinateur et à Internet à la maison

Presque tous les élèves (92,6 %) déclarent avoir accès à un ordinateur à la maison. Il s'agit d'une proportion très élevée quand on la compare aux chiffres de l'Enquête sociale générale 2000 de Statistique Canada, selon laquelle 75 % seulement des jeunes de 15 à 24 ans en Ontario disposent d'un ordinateur à la maison (ces chiffres sont tirés directement d'une analyse des données brutes fournies par Statistique Canada). Cette différence s'explique sans doute en partie par le fait que la quasi-totalité des jeunes de notre échantillon (95,9 %) sont inscrits au niveau avancé, c'est-à-dire à un programme menant aux études universitaires. On note cependant d'importantes différences selon le revenu des parents. En effet, plus le revenu familial est élevé, plus les jeunes déclarent avoir accès à un ordinateur à la maison. Il existe des différences selon la langue d'usage, mais elles sont beaucoup moins importantes (données brutes). Une forte majorité d'élèves ont un branchement Internet à la maison (83,5 %), ce qui encore une fois est supérieur au taux de 59,7 % obtenu dans l'Enquête sociale générale de Statistique Canada pour les jeunes de l'Ontario. Les différences selon le revenu des parents sont ici encore plus accentuées.

Fréquence de l'utilisation

Tous les élèves, sans exception, avaient déjà utilisé Internet au moment de l'enquête et presque tous (92,8 %) l'utilisaient depuis plus d'un an. Le revenu des parents joue ici aussi un rôle déterminant, puisque tous les élèves de familles à revenus élevés disent avoir utilisé Internet pour la première fois il y a plus d'un an tandis que ce nombre est plus faible pour les élèves de familles à revenus moyens (92,9 %) et modestes (86,7 %). La très vaste majorité des élèves (91,8 %) sont des utilisateurs réguliers; ils affirment en effet avoir utilisé souvent ou très souvent Internet. À cet égard, il y a peu de différences entre garçons et filles mais les différences persistent quant au revenu.

Comme dans toutes les enquêtes sur le sujet (voir Ollivier, 2001; Dryburgh, 2001), les garçons disent passer plus de temps en ligne que les filles. En fait, 51,4 % des garçons disent passer plus d'une heure par jour en ligne les fins de semaine contre 28,6 % des filles. En semaine, une proportion semblable de garçons (37,1 %) et de filles (33,9 %) disent passer plus d'une heure par jour en ligne. Par contre, seulement 7,1 % des filles passent plus de deux heures en ligne la semaine contre 20 % des garçons. Si ces différences sont parfois attribuées au peu de temps libre dont disposent les femmes en raison de leur travail non rémunéré (Menzies, 1998), une telle explication est moins convaincante lorsqu'on parle des jeunes.

Lieu de la première utilisation

C'est à l'école que la grande majorité des élèves ont pour la première fois utilisé Internet : 43,9 % des élèves ont été initiés à Internet à l'école comparativement à 26,5 % à la maison et 18,4 % chez des amis. On constate également que ce sont surtout les filles et les jeunes de familles à revenus modestes qui ont été initiés à Internet à l'école. Ces résultats portent à croire que l'école a joué un rôle important d'initiation à Internet chez les membres de groupes qui accusent depuis toujours un retard dans l'accès aux technologies, notamment les filles et les jeunes économiquement défavorisés.

3. Types d'usages

Travaux scolaires et loisirs (voir le tableau 2)

Une forte majorité des élèves interrogés (89,1 %) utilisent souvent ou très souvent Internet pour leurs travaux scolaires. Il existe cependant des différences assez importantes selon les catégories sociales. L'utilisation d'Internet pour les travaux scolaires est plus fréquente chez les filles que chez les garçons de même que chez les francophones et les bilingues par comparaison aux anglophones. Sa fréquence augmente également directement en fonction du revenu. Une majorité moins forte (70,7 %) déclare utiliser souvent ou très souvent Internet pour les loisirs. À l'inverse de ce nous avons constaté pour les travaux scolaires, la proportion est cette fois plus forte chez les garçons que chez les filles; elle est aussi plus élevée chez les anglophones que chez les bilingues et les francophones.

Pourquoi les filles, les francophones et les jeunes économiquement favorisés sont-ils plus nombreux à utiliser Internet pour les travaux scolaires ? Pourquoi les filles et les francophones sont-ils moins portés à l'utiliser pour les loisirs ? On peut penser à un ensemble de causes possibles, que la faible taille de notre échantillon ne nous permet pas d'explorer davantage. Il est possible par exemple que l'utilisation d'Internet pour les travaux scolaires traduise un plus grand engagement envers l'école en général, surtout chez les filles. Chez les jeunes issus de familles économiquement favorisées, c'est sans doute le fait d'avoir accès à Internet à la maison qui joue un rôle déterminant. Il se peut toutefois qu'une plus grande utilisation à des fins de loisirs reflète l'ancienneté et la fréquence de l'utilisation (Ministère de l'éducation nationale de France, 2001).

Types d'activités (voir le tableau 2)

De façon générale, les activités les plus populaires auprès des jeunes (celles auxquelles ils s'adonnent souvent ou très souvent) comprennent : l'utilisation d'outils de recherche, la recherche d'information pour les travaux scolaires, la visite de sites Internet, la recherche d'information par intérêt personnel et le courrier électronique. Parmi les activités les moins populaires, on peut mentionner les transactions commerciales, les groupes de discussion et la rédaction de commentaires.

Les garçons sont plus nombreux que les filles à utiliser Internet pour faire souvent ou très souvent les activités suivantes : jouer à des jeux vidéos en ligne, regarder des vidéos ou écouter de la musique, télécharger des jeux ou des logiciels. Les filles sont un peu plus nombreuses que les garçons à utiliser le courrier électronique souvent ou très souvent, mais moins nombreuses à faire du clavardage. Il faut noter qu'au cours des entrevues de groupes, les jeunes ont exprimé de très fortes réserves face au *chat* comme mode de communication. Plusieurs ont déclaré l'avoir déjà fait lorsqu'ils étaient plus jeunes mais considèrent maintenant cette activité comme une perte de temps.

La très grande superficialité des rapports, le fait de ne pas savoir à qui on a affaire et la possibilité de harcèlement sexuel, surtout chez les filles, les ont assez rapidement détournés de ce mode de communication. Le courriel est moins populaire chez les francophones que chez les bilingues et les anglophones. Cette situation pourrait être due au fait que la diffusion des nouvelles technologies a été plus lente en milieu francophone que chez les anglophones (voir Ollivier, 2001).

Sites visités (voir le tableau 3)

Les sites qui sont de loin les plus populaires auprès des jeunes que nous avons interrogés sont ceux qui se rapportent à l'éducation et au divertissement. Viennent ensuite les sites traitant des biens et services, du travail, de l'actualité politique et sociale, de sport et de médecine/santé. On note d'importantes différences entre les filles et les garçons, les garçons ayant visité plus souvent que les filles la majorité des sites mentionnés. Les différences sont particulièrement marquées en ce qui concerne les biens et les services, l'actualité politique et sociale, les sports ainsi que les ordinateurs et Internet. Il est intéressant de constater qu'en ce qui concerne les sites visités, on retrouve entre filles et garçons des clivages similaires à ceux observés dans d'autres pratiques culturelles comme la lecture, clivages qui se retrouvent non seulement chez les jeunes, mais aussi chez les adultes (Séguin-Noël et Garon, 2000, p. 27).

4. Langue de navigation

Une forte majorité (94,5 %) de jeunes consultent souvent ou très souvent des sites en anglais. Une proportion beaucoup plus faible (40,7 %) consultent souvent ou très souvent des sites en français, tandis que 46,2 % des jeunes les consultent rarement et 13,2 % ne les consultent jamais. Cette situation tranche avec celle que l'on retrouvait dans l'enquête de Pons *et al.* réalisée en 1997 dans la région de Sherbrooke. Sans donner de chiffres précis, ils affirment dans leur rapport que « les jeunes Québécois visitent surtout des sites en français » (1999, p. 82). La différence entre les deux groupes s'explique sans doute en partie par le fait que plus on parle français à la maison, plus on a tendance à consulter des sites en français. En effet, la proportion des jeunes qui naviguent souvent ou très souvent en français est de 56,3 % chez les francophones, de 41,9 % chez les bilingues et de 23,1 % chez les anglophones. Comme dans toutes les enquêtes sur le sujet (Ollivier, 2001), les filles sont plus nombreuses que les garçons à visiter souvent ou très souvent des sites en français. Il est intéressant de constater que cette situation vaut aussi pour la lecture en général (Séguin-Noël et Garon, 2000, p. 53 et 109).

5. Opinions (voir le tableau 4)

Les jeunes ont en général des attitudes plutôt positives face aux nouvelles technologies. Une majorité, surtout parmi les garçons, voient Internet avant tout comme un divertissement. Une minorité seulement croient qu'on se parle moins quand on a Internet, voient Internet comme une menace pour la langue française et pensent que l'usage d'Internet requiert une bonne connaissance de l'informatique. Par contre, près de la moitié croient qu'il est difficile de trouver ce que l'on cherche.

Il existe des différences assez importantes entre les filles et les garçons, les filles ayant des vues moins positives que les garçons sur certaines questions. Elles sont ainsi plus nombreuses que les garçons à considérer qu'on se parle moins quand on a Internet et plus nombreuses à estimer qu'il est difficile de trouver ce que l'on cherche. On observe des différences du même ordre entre les jeunes de familles à revenus modestes et ceux qui sont plus favorisés, les premiers ayant une image moins positive que les seconds. On peut supposer que les opinions moins favorables des filles et des jeunes à revenus modestes reflètent une moins grande familiarité avec la technologie. Les filles sont aussi moins nombreuses que les garçons à considérer qu'une bonne connaissance de l'informatique est essentielle à l'usage d'Internet.

S'il y a peu de différences entre filles et garçons en ce qui concerne le fait de percevoir Internet comme une menace pour la langue française, les réponses varient toutefois selon la langue d'usage à la maison. En effet, le tiers des francophones et des bilingues voient Internet comme une menace contre un peu moins du quart des anglophones. Les jeunes de familles à revenus élevés sont également moins nombreux à considérer Internet comme une menace à la langue française que ceux et celles de familles à revenus moyens et modestes.

Par ailleurs, une majorité des élèves sont d'accord avec l'idée selon laquelle il est plus agréable d'apprendre avec Internet qu'avec des livres. De même, une faible majorité ne croit pas que les livres soient plus efficaces qu'Internet pour faire une recherche. Encore une fois, on retrouve des différences entre les filles et les garçons. Les garçons sont plus nombreux que les filles à considérer qu'il est plus agréable d'apprendre avec Internet qu'avec des livres. Les filles sont légèrement plus nombreuses que les garçons à considérer qu'il est plus efficace de faire des recherches avec des livres que sur Internet. Cette plus grande valorisation du livre chez les filles que chez les garçons peut être mise en parallèle avec la propension plus marquée chez les femmes que chez les hommes pour la pratique de la lecture (Noël-Séguin et Garon, 2000). Finalement, une très forte majorité croit que pour travailler dans la société de demain, il faudra maîtriser Internet. Cette proportion est plus forte chez les filles de même que chez les francophones et chez les jeunes de familles à revenus élevés.

Conclusion

Notre enquête indique que si les écarts numériques liés au sexe, à la langue d'usage et au revenu ont considérablement diminué par comparaison aux enquêtes précédentes (Ollivier, 2001), tant en ce qui concerne l'accès que la fréquence d'utilisation, ils sont loin d'être entièrement comblés. Comme l'ont souligné de nombreuses recherches sur les technologies, celles-ci sont implantées à l'intérieur de rapports de pouvoir qu'elles permettent de subvertir ou de reproduire, mais avec lesquelles elles doivent nécessairement composer. Le revenu continue ainsi d'avoir une influence déterminante sur l'accès et les usages. Les jeunes de familles à revenus modestes sont beaucoup moins nombreux que ceux et celles de familles plus aisées à avoir accès aux nouvelles technologies à la maison. De même, si les filles ont pratiquement comblé l'écart qui les séparait des garçons en ce qui concerne l'accès, des différences persistantes subsistent néanmoins quant à la fréquence d'utilisation. Toutefois, ces différences dénotent sans doute une façon autre d'aborder la technologie plutôt qu'un retard. Il est important de souligner le rôle initiateur très important joué par l'école auprès de certains groupes.

En ce qui concerne les usages, on peut affirmer qu'ils semblent s'inscrire dans une relation de continuité et non de rupture avec les pratiques existantes. Ainsi, les sites visités par les filles et les garçons reproduisent les mêmes clivages que les autres pratiques culturelles, notamment la lecture. Dans les entrevues de groupe, les filles étaient d'ailleurs beaucoup plus nombreuses que les garçons à exprimer des réticences face aux aspects plus techniques de l'usage d'Internet. À l'encontre des prédictions trop optimistes ou trop pessimistes des dernières années, nos analyses donnent à penser, comme nombre d'enquêtes récentes, qu'Internet, « quoique reconnu technologiquement comme "révolutionnaire", s'intègre facilement au quotidien et sans perturbation majeure » (Piette *et al.*, 2001).

Finalement, notre recherche n'a que très peu abordé les questions identitaires liées à l'implantation des technologies d'information et de communication. Quelle influence ont-elles sur le désir et la capacité des jeunes de vivre en français en Ontario ? Bien qu'une forte majorité de jeunes ne perçoivent pas Internet comme une menace à la langue française, l'anglais demeure la langue de navigation et de communication pour une très large proportion d'entre eux, surtout pour ceux et celles qui parlent anglais à la maison. De plus, plusieurs ont affirmé en entrevue ne pas se reconnaître dans les sites francophones visités, puisqu'il s'agit le plus souvent de sites québécois ou français qui ne reflètent ni leur niveau de langue ni leur réalité. Par ailleurs, il faut souligner que les jeunes perçoivent souvent leur capacité de naviguer dans les deux langues comme un élément très positif. C'est dans un tel contexte que le discours sur la diversité des compétences requises pour réussir dans le monde actuel prend tout son sens. Malgré l'opinion positive des jeunes, le danger demeure que la force d'attraction de l'anglais n'exerce une pression tendant à marginaliser l'identité francophone minoritaire et que « l'ouverture au monde » ne se traduise par une domination accrue de la culture anglo-saxonne majoritaire.

Tableau 1
Questions d'accès

	Tous (%)	Sexe (%)		Langue d'usage (%)			Revenu familial (%)		
		Garçons	Filles	Anglos	Bilingues	Francos	-59 999$	60 000$-89 999$	+90 000$
Ordinateur à la maison	92,6	91,4	95,0	88,9	90,3	100	78,6	92,9	100
Branchement Internet à la maison	83,5	86,1	82,0	81,5	84,4	83,3	60,0	71,4	94,1
Utilisateurs réguliers	91,8	91,9	91,8	92,6	93,3	88,9	86,7	92,9	94,4
Plus d'une heure/jour sur semaine	35,2	37,1	33,9	38,5	35,5	31,3	61,5	15,4	22,2
Plus d'une heure/jour fin de semaine	37,4	51,4	28,6	46,2	38,7	25,0	30,8	15,4	33,3
Première utilisation : école	43,9	35,1	49,2	44,4	48,5	38,9	73,3	23,1	35,0

Tableau 2
Types d'activités
(% souvent ou très souvent)

	Tous	Sexe		Langue d'usage			Revenu familial		
		Garçons	Filles	Anglos	Bilingues	Francos	-59 999$	60 000$-89 999$	+90 000$
Travaux scolaires	89,1	85,7	91,3	73,1	93,5	97,0	84,6	92,3	93,4
Loisirs	70,7	82,8	63,2	84,6	74,2	66,7	61,5	69,2	66,7
Info pour travaux scolaires	89,1	82,4	91,2	73,1	90,3	96,9	84,6	84,6	94,4
Sites Internet	75,0	94,3	64,9	88,5	74,2	66,7	69,2	76,9	77,8
Info. pour intérêt personnel	73,9	82,9	66,7	88,5	64,5	69,7	53,8	92,3	61,1
Outils de recherche	91,3	97,1	91,2	92,3	96,8	90,9	92,3	100	94,4
Jeux vidéos en direct	13,0	28,6	3,5	7,7	25,8	3,0	0	7,7	5,6
Vidéos ou musique en direct	45,1	61,8	35,1	53,8	51,6	31,3	38,5	46,2	44,4
Télécharger jeux ou logiciels	26,1	42,9	15,8	26,9	35,5	15,2	15,4	23,1	16,7
Courrier électronique	72,8	65,7	79,0	80,8	83,9	57,6	77,0	61,5	72,2
Communication en direct	47,8	57,1	40,3	53,8	61,3	24,2	46,2	23,1	27,8
Groupes de discussion	3,3	2,9	3,5	7,7	0	3,0	7,7	0	0
Commander ou acheter	2,2	0	3,6	7,7	0	0	7,7	0	0
Écrire des commentaires	5,4	8,6	3,6	11,5	6,5	0	7,7	0	16,7
Cliquer sur des pubs	10,0	17,6	5,4	3,8	12,9	12,5	16,7	15,4	0
Monter une page web (oui %)	40,7	45,7	37,5	38,5	48,4	34,4	38,5	33,3	35,0

Tableau 3
Sites visités
(% quelquefois ou plusieurs fois)

	Tous	Sexe		Langue d'usage			Revenu familial		
		Garçons	Filles	Ang-los	Bilingues	Fran-cos	-59 999$	60 000$-89 999$	+90 000$
Éducation et formation	78,3	77,1	78,9	69,2	83,9	84,8	84,6	84,6	83,3
Divertissement	77,2	85,7	71,9	84,6	67,7	78,8	69,2	69,2	88,9
Biens et services	63,0	77,2	54,4	65,4	67,7	57,6	69,2	53,8	72,2
Travail	47,8	54,3	43,9	46,2	48,4	51,5	53,8	46,2	50,0
Actualité politique	46,7	54,3	42,1	57,7	48,4	39,4	61,5	46,2	44,4
Sports	44,6	65,8	31,6	42,3	45,2	42,4	46,2	38,5	33,3
Médecine ou santé	42,4	42,9	42,1	42,3	48,4	39,4	23,1	53,8	72,2
Programmes gouvernementaux	37,0	40,0	35,1	34,6	35,5	42,4	61,5	30,8	38,9
Services ou activités locaux	37,0	37,1	36,9	26,9	48,4	36,4	30,8	38,5	27,8
Voyages	34,8	40,0	31,6	23,1	45,2	36,4	15,4	15,4	33,3
Ordinateurs et Internet	25,0	51,4	8,8	34,6	32,3	12,1	23,1	15,4	16,7

Tableau 4
Opinions à propos d'Internet
(% plutôt d'accord et très d'accord)

	Tous	Sexe		Langue d'usage			Revenu familial		
		Garçons	Filles	Anglos	Bilingues	Francos	-59 999$	60 000$-89 999$	+90 000$
On se parle moins	26,7	22,2	27,8	24,0	28,1	25,0	38,5	7,1	25,0
Difficile de trouver ce que cherche	45,4	35,1	50,0	63,0	33,3	42,9	57,1	28,5	38,9
Une menace pour le français	29,3	28,1	29,4	22,7	32,1	31,3	33,3	33,3	20,0
Avant tout un divertissement	61,5	69,7	56,9	68,0	67,7	50,0	42,9	75,0	50,0
Il faut connaître l'informatique	24,7	32,4	18,3	18,5	25,0	27,8	26,7	14,3	22,2
Plus agréable que les livres	60,9	75,0	51,8	51,9	61,3	65,6	71,4	78,6	58,8
Les livres sont plus efficaces	47,7	41,2	49,1	52,2	44,8	45,5	35,7	46,2	31,3
Devra maîtriser Internet demain	82,1	78,3	86,2	77,8	81,3	88,6	80,0	85,7	88,9

BIBLIOGRAPHIE

CASTELLS, Manuel (1999), *La société en réseaux*, Paris, Fayard.

DONNAT, Olivier (1994), *Les Français face à la culture. De l'exclusion à l'éclectisme*, Paris, La Découverte.

DRYBURG, Heather (2001), *Les temps changent : pourquoi et comment les Canadiens utilisent Internet*, Statistique Canada, au catalogue n° 56F006XIF, en ligne à <http://www.statcan.ca:80/francais/IPS/Data/56F0006XIF.htm>.

MENZIES, Heather (1998), *Les femmes dans la société et l'économie fondées sur le savoir*, Secrétariat de la recherche sur les politiques, Ottawa, Condition féminine Canada.

FRANCE, MINISTÈRE DE L'ÉDUCATION NATIONALE (2001), *Les jeunes et Internet : représentations, usages et appropriations. Sommaire du rapport de recherche*, en ligne à <http://www.clemi.org/ji_intro.html>.

OLLIVIER, Michèle (2001), « Femmes, francophonie et nouvelles techniques de communication », dans Andrea Martinez et Michèle Ollivier (dir.), *La tension tradition-modernité. Construits socioculturels de femmes autochtones, francophones et migrantes*, Ottawa, Presses de l'Université d'Ottawa.

OLLIVIER, Michèle et Viviana FRIDMAN (2001), « Taste/Taste Cultures », *International Encyclopedia of the Social and Behavioral Sciences*, London, Elsevier.

PETERSON, Richard A. (1992), « Understanding audience segmentation : From elite and mass to omnivore and univore », *Poetics*, n° 21, p. 243-258.

PIETTE, Jacques, Christian-Marie PONS et Luc GIROUX (2001), « Les jeunes et Internet : tous les adolescents ont goûté à Internet », Montréal, *Le Devoir* édition Internet, en ligne à <http://www.ledevoir.com/ago/2001a/piet090201.html>.

PONS, Christian-Marie, Jacques PIETTE, Luc GIROUX et Florence MILLERANS (1999), *Les jeunes Québécois et Internet*, Québec, Ministère de la Culture et des Communications du Gouvernement du Québec, en ligne à <http://www.gouv.qc.ca/culture/indexf.htm>.

SÉGUIN-NOËL, Rosalie et Rosaire GARON (2000), *Les pratiques culturelles des jeunes de 15 à 35 ans en 1999*, Québec, Ministère de la Culture et des Communications, en ligne à <http://mcc.quebectel.qc.ca/Mcc/ClinStat.nsf/Theme ?OpenView>.

NOTES

1. Cette recherche a bénéficié de subventions du Fonds universitaire d'aide à la recherche et du Centre de recherche en civilisation canadienne-française de l'Université d'Ottawa. Nous remercions Vickie Coghlan, étudiante à la maîtrise au Département de sociologie, pour son aide tout au long de cette recherche et trois évaluateurs anonymes pour leurs commentaires sur une première version de l'article.
2. La question demandait aux élèves d'indiquer s'ils utilisaient le français à la maison jamais, rarement, souvent ou toujours.
3. Parmi les jeunes de notre échantillon, 88,7 % déclarent n'avoir qu'un seul domicile. Le taux de réponse à la question sur le revenu était toutefois très faible, se situant à 48,9 %.

FRANCOPHONIES
D'AMÉRIQUE

LE BILINGUISME, LES JEUNES ET LE MILIEU DE TRAVAIL : MAINTIEN D'UNE COMMUNAUTÉ ?

Sylvie Roy
Institut d'études pédagogiques de l'Ontario
Université de Toronto

À l'ère de la mondialisation, certains secteurs économiques ont pris de l'importance et ouvrent la voie à de nouvelles perspectives de travail, surtout pour les jeunes. Les secteurs des télécommunications, de l'information et des services, pour ne nommer que ceux-là, valorisent les compétences langagières (qu'il s'agisse de bilinguisme ou de multilinguisme) et permettent ainsi à ceux et celles qui possèdent ces compétences de s'intégrer plus facilement au marché de l'emploi. Les jeunes Franco-Ontariens sont particulièrement choyés dans ce contexte, en raison de leur bilinguisme.

Dans le présent article, j'examine, à partir d'une recherche sociolinguistique et ethnographique menée dans un centre d'appels, comment les membres d'une communauté franco-ontarienne du sud de l'Ontario voient un avenir prometteur pour la survie linguistique de la communauté à cause de l'importance accordée au bilinguisme. J'examine également comment les jeunes bilingues accèdent au centre d'appels et quelles sont leurs pratiques langagières sur le marché du travail. Enfin, je considère les conséquences de l'accès aux nouveaux secteurs économiques pour les jeunes bilingues du sud de l'Ontario.

Cadre théorique

Divers auteurs ont examiné comment la concurrence mondiale et les changements dans les milieux de travail engendraient de nouvelles conditions de travail. Afin de rester concurrentiels, les employeurs cherchent à avoir un personnel flexible et ayant une formation diversifiée. Ces employés doivent aussi être capables de s'adapter rapidement aux changements (Gadrey, 2000; Gee, Hull et Lankshear, 1996). Ces transformations dans les milieux de travail ont également des incidences sur la perception des langues. Dans les secteurs des services, de l'information et de la technologie, la communication (orale ou écrite) devient de plus en plus importante. La langue devient donc un objet de changement. La communication entre les employés et la clientèle ne se fait plus au hasard; elle est de plus en plus contrôlée afin d'assurer la qualité des services (Fairclough, 1992a, 1992b; Cameron, 2000).

L'importance de la communication dans les entreprises de services a ainsi engendré un intérêt pour le bilinguisme et le multilinguisme. Soucieux de répondre aux besoins d'une clientèle de plus en plus diversifiée, les employeurs sont conscients de l'importance grandissante d'avoir une main-d'œuvre bilingue et multilingue. Cette main-d'œuvre doit toutefois répondre aux critères de sélection lors du recrutement. Dans une recherche sur l'alphabétisation, nous avons découvert l'existence d'un nombre élevé de Franco-Ontariens en quête d'emploi. Malgré leur bilinguisme, ces derniers n'accèdent pas aux nouveaux secteurs économiques parce qu'ils manquent de formation ou de compétences écrites ou orales en français et/ou en anglais (Labrie, Bélanger, Lozon, Roy, 2000).

Plusieurs études sur la francophonie ontarienne sont peu optimistes quant à la reproduction sociale et linguistique des jeunes de la communauté (Castonguay, 1999; Bernard, 1998). D'autres auteurs ont montré que les jeunes devenaient de plus en plus conscients de leur bilinguisme et de leur identité en tant que bilingues au sein de la communauté francophone (Gérin-Lajoie, 1999a, 1999b; Erfurt, 1999). Nous verrons dans cet article que si les jeunes accèdent aux nouveaux secteurs économiques en émergence grâce à leur bilinguisme, leur présence dans ces nouveaux secteurs soulève certains enjeux que nous examinerons plus loin.

Méthodologie

Les données utilisées dans cet article proviennent d'une recherche ethnographique et sociolinguistique menée dans un centre d'appels. J'ai choisi un centre d'appels en raison de l'importance grandissante de ce secteur dans la région et en Ontario. J'ai séjourné dans ce centre d'appels de septembre 1998 à janvier 1999. J'ai observé le travail quotidien des représentants téléphoniques ou d'autres employés, leur utilisation de la langue et leurs opinions sur des sujets variés. Mes observations ont porté entre autres sur l'organisation spatiale, les regroupements sociaux; j'ai cherché à savoir comment les gens se regroupaient et qui jouait un rôle actif à quel moment. Sur le plan linguistique, je me suis intéressée aux interventions verbales, aux langues dans lesquelles elles s'effectuaient et à la manière dont les agents de contrôle s'y prenaient pour contrôler la langue. Ensuite, j'ai observé les discours sur des thèmes plus précis tels que la valeur accordée aux variétés de langue, les rapports linguistiques, l'identité et le positionnement. J'ai noté toutes ces observations de façon quotidienne afin de créer un dossier dans lequel j'ai aussi consigné mes réflexions personnelles.

Par ailleurs, j'ai effectué des entrevues semi-dirigées auprès de 85 personnes, c'est-à-dire avec chacun des membres représentant un intérêt pour le milieu de travail, qu'ils soient anglophones ou francophones, représentants téléphoniques ou dirigeants de l'entreprise. J'ai fait des entrevues avec huit formateurs, deux techniciens en informatique, neuf coordonnateurs, cinq employés aux ressources humaines, sept superviseurs, vingt-cinq représentants téléphoniques, vingt-trois cadres de l'entreprise et six personnes de la communauté. Trente-cinq entrevues ont été menées en français, trente-six en anglais et quatorze dans les deux langues. L'objet des entrevues consistait à connaître la trajectoire personnelle des interviewés (leur lieu d'origine, leur formation, leur répertoire linguistique), leur perception de l'entreprise (fonctionnement de l'entreprise, usages langagiers) et leur vision d'avenir de l'entreprise et de l'utilisation du français dans le centre d'appels. J'ai également participé à différentes formations internes offertes par la compagnie ainsi qu'à la vie sociale de l'entreprise. Enfin, j'ai obtenu des documents concernant la compagnie. Ce tour d'horizon ethnographique m'a permis de connaître le milieu de travail en profondeur. De plus, cette recherche faisait partie d'un projet plus large intitulé *Prise de parole*[1]; pendant plusieurs années, nous avons étudié la vie communautaire de trois régions de l'Ontario et les discours émis à propos des changements économiques, politiques et sociaux que vivaient les membres de la minorité linguistique. Dans le cadre de ce projet, nous avons utilisé l'analyse de discours afin de comprendre le positionnement et les représentations que les gens se faisaient de leur réalité. C'est à partir de l'analyse de discours que j'examine comment les jeunes vivent leur bilinguisme et l'accès au marché de l'emploi.

Contexte

La communauté franco-ontarienne étudiée se situe dans le sud de l'Ontario[2]. Les francophones sont arrivés dans cette région surtout après les deux guerres mondiales et jusqu'en 1960. Des francophones du Québec, du Nouveau-Brunswick et du nord de l'Ontario ainsi que des immigrants sont venus s'installer dans la région, à la recherche de meilleures perspectives d'emploi dans les industries lourdes. Les francophones vivaient en français dans leur environnement associatif, familial et communautaire. L'anglais était réservé au milieu du travail. Du début des années 1970 à la fin des années 1980, plusieurs industries ont fermé leurs portes, ce qui a engendré un taux de chômage très élevé. C'est à la fin des années 1980 que les élites de la région ont décidé de miser sur une infrastructure qui permettrait d'attirer des centres d'appels pour ainsi relever l'économie. Cette stratégie a fonctionné et les centres d'appels sont devenus des employeurs importants dans la région. La mise sur pied de plusieurs centres d'appels a également permis une revalorisation des compétences de la communauté francophone en français et en anglais. Pendant plusieurs années, les francophones ont utilisé l'anglais dans leur milieu de travail. Avec l'arrivée des centres d'appels, on s'est mis à accorder de l'importance à leur français en raison des caractéristiques du marché canadien.

Le centre d'appels étudié comprend plus de 1 200 employés. Il offre des emplois dans les domaines suivants : finance, marketing, technologie, gérance, formation. Toutefois, la plupart des employés travaillent au service à la clientèle. Le centre d'appels offre un service pour des détenteurs de cartes de crédit. Les employés reçoivent les appels des clients en ce qui concerne leur compte, leur solde et toute autre question qui les touche. Le centre d'appels offre également un service de remorquage pour automobiles en cas de problème mécanique. Examinons dans ce qui suit les discours sur l'accès des jeunes au centre d'appels.

Les centres d'appels comme domaine d'emplois pour les jeunes

Pour les membres les plus âgés de la communauté, les centres d'appels représentent une « bouée de sauvetage » pour la survie de la communauté francophone de la région. Par exemple, lors d'une entrevue, deux dames faisant partie d'une organisation communautaire et religieuse ont mentionné comment les centres d'appels pourront permettre aux femmes et aux jeunes d'accéder à des emplois.

Pour les jeunes de la communauté, le centre d'appels étudié représente un endroit propice pour travailler à temps partiel ou à temps plein, pendant ou après les études secondaires. En entrevue, Annick, élève de 12e année dans une école secondaire de la région, a raconté comment quatre amies et elle avaient fait une demande d'emploi au centre d'appels. Elle travaillait à temps partiel au centre d'appels depuis un mois au moment de notre rencontre.

Annick a mentionné plusieurs points intéressants au cours de l'entretien : 1) le centre d'appels est reconnu pour embaucher les jeunes francophones; 2) si un jeune parle français, il est probable qu'il sera embauché; 3) pour Annick, le travail au centre d'appels constitue un emploi à temps partiel en attendant l'admission à l'université (lors de mon séjour, j'ai rencontré bien des jeunes qui travaillaient au centre d'appels dans ce but, mais bon nombre d'entre eux sont obligés d'y travailler pendant des années en raison du manque de travail dans leur domaine de spécialité lorsqu'ils terminent leurs études); 4) le bilinguisme représente un atout pour ceux et celles qui ne possèdent pas d'autres compétences. Le centre d'appels représente donc un endroit privilégié pour les jeunes, car il leur donne accès au milieu du travail, surtout à cause de leur bilinguisme. En fait, la communauté en général, anglophones et francophones confondus, croit que le bilinguisme favorise l'accès au travail dans les nouveaux secteurs.

Selon une directrice du centre d'appels, les jeunes peuvent accéder à un emploi dans cette entreprise s'ils ont la formation nécessaire pour un poste désigné. À son avis, le centre d'appels offre aux jeunes francophones plusieurs postes au service à la clientèle. Pour encourager ces jeunes à acquérir la formation nécessaire, le centre d'appels travaille en collaboration avec les établissements d'enseignement de la région pour qu'ils offrent des cours reliés au service à la clientèle.

L'accès à l'emploi : *nouveaux critères, nouveaux défis*

Les jeunes peuvent avoir facilement accès à un emploi au centre d'appels en raison de leur bilinguisme. Toutefois, depuis 1998, de nouveaux critères d'embauche ont été établis pour rehausser les normes et la qualité en matière de services au centre d'appels, afin que les entreprises demeurent concurrentielles. Les nouveaux candidats bilingues doivent dorénavant subir des tests de français afin d'être qualifiés de « bilingues » et de pouvoir travailler à ce titre. Cela dit, si un candidat est bilingue, il peut recevoir une prime de 1 000 $ en travaillant en français et en anglais. Ce test linguistique a pour but de permettre à l'entreprise d'obtenir une main-d'œuvre qui puisse répondre à ses nouveaux critères de sélection. Revenons à Annick et à ses quatre amies qui ont fait une demande d'emploi au centre d'appels. Seulement quatre d'entre elles ont été embauchées comme bilingues. Examinons le point de vue d'Annick à ce sujet :

A : on était 5
S : filles?
A : oui
S : et quatre ont été engagées?
A : oui
S : ah oui? ah oui? comment ça se fait quatre et pas la (X)
A : ben la dernière a l'a eu son entrevue en français immédiatement pis a pouvait pas parler elle a dit ça fait toute l'été j'ai pas parlé en français j'ai toute oublié pis là s'est pas fait engager parce que
S : (X) toi quand tu as appliqué c'était pour c'était pour un emploi bilingue?
A : oui
S : les autres aussi
A : oui
S : ok fait que là i vous ont posé des questions en français?
A : en anglais
S : en anglais en premier?
A : ben ils nous ont rappelés pour faire un test de français
S : quelle sorte de test?
A : euh c'était au téléphone pour savoir comment tu (X) en français [...]
S : (X) la personne que tu dis qui euh s'est pas fait engager à cause que i ont tout de suite commencé en français?
A : je pense que oui
S : pourquoi? pourquoi elle et pas les autres?
A : je sais je pense que les personnes qui nous ont fait l'entrevue étaient pas en français alors i pouvaient pas? |
S : ah ok alors pis elle i ont fait tout de suite
A : (X) l'entrevue en français
S : est-ce que tu penses que c'était plus difficile pour elle d'abord? |
A : peut-être oui
S : comment elle s'est sentie elle?
A : était désappointée parce que tu sais pas avant une couple de semaines qu'i vont t'appeler alors toutes les autres ont s'est fait rappeler pas elle (Entrevue avec Annick, 1998).

Selon la jeune fille, c'est à cause de ses carences en français que son amie n'aurait pas été embauchée. Il importe de faire ressortir ici que la mise en place d'un test linguistique représente une difficulté de plus pour les jeunes bilingues qui veulent se faire engager au centre d'appels. Les nouveaux candidats doivent obtenir un résultat de 80 % pour le réussir. Ce test, qui consiste à répondre à des questions au téléphone, vise à éliminer les candidats qui ne répondent pas aux nouveaux critères. La nouvelle norme stipule que les employés bilingues ne doivent pas faire d'alternances de code ou d'anglicismes. Elle stipule également que les candidats bilingues doivent être capables d'utiliser les deux langues, le français et l'anglais, de façon équilibrée (Dabène, 1994). À ce sujet, une gérante des ressources humaines explique : « *You have to make sure that these people can communicate well even in both languages ! Not just one not just in French or just English !* ». Pour les jeunes Franco-Ontariens qui vivent dans un milieu majoritairement anglophone, ne pas faire d'anglicismes ou d'alternances de code peut représenter une importante difficulté à surmonter.

Les pratiques langagières et le service à la clientèle

Ainsi, le centre d'appels semble offrir un emploi aux jeunes bilingues s'ils répondent aux nouveaux critères de sélection. Mais qu'en est-il de leurs pratiques langagières, après leur embauche ? Le service à la clientèle est celui où se retrouvent le plus de jeunes Franco-Ontariens, ce qui leur permet de travailler en français. L'exemple de Lise montre comment le bilinguisme est mis à profit au centre d'appels. Lise est née de parents francophones et elle a fréquenté des écoles anglaises pendant son enfance. Elle a commencé à travailler au centre d'appels à 16 ans, à temps partiel. Elle travaillait alors seulement en anglais. À 20 ans, elle occupe un poste bilingue à temps plein comme représentante téléphonique au service à la clientèle. Elle a compris l'importance du bilinguisme dans le centre d'appels, surtout en ce qui concerne le service à la clientèle; aussi a-t-elle suivi des cours pour améliorer ses compétences linguistiques dans ce domaine. Examinons l'extrait suivant :

> L : and euh? and I started working here I was doing a job that was English only and I was in high school and I took it [French] all through high school and I also study on my own for a year and than it's just getting good like it's good enough to do on the phone but I don't like to have conversation if I don't have to
> S : ok
> L : I'll call like my relatives or whatever and we'll talk a little bit and I switch back to English because I'm just more comfortable in English (Entrevue avec Lise, 1998).

Même si Lise utilise peu la langue française de façon quotidienne avec ses collègues de travail, elle parle français avec les clients, ce qui lui permet de recevoir une prime. De plus, en travaillant dans un poste bilingue, elle peut pratiquer le français dans son milieu de travail, ce qu'elle fait peu dans son milieu familial.

Michel utilise également l'anglais dans ses interactions quotidiennes et le français avec les clients. Michel est né dans la région, de parents francophones. Il a étudié en français jusqu'au secondaire. Au collège, il a suivi un cours pour travailler en ressources humaines. Il travaillait à temps plein depuis un an lorsque je l'ai rencontré.

> S : [...] in terms of language do you use euh? which language you use during the day? at work?
> M : at work like?
> S : with who and which language?
> M : hm? // the only time to be honest the only time I use the French language is when I'm speaking to a French customer
> S : ok
> M : any other time in the workplace? euh? it's English unless someone like if someone (X) approach me and speak to me in French? I would respond in French like I have no problem doing that will be very very rare that will happen so? (X) (Entrevue avec Michel, 1998).

Plusieurs jeunes que j'ai rencontrés préfèrent utiliser l'anglais comme langue d'interaction quotidienne alors qu'ils parlent le français avec leurs clients. Toutefois, ceux qui n'ont pas la chance de travailler au service à la clientèle souhaiteraient pouvoir avoir davantage recours à la langue française dans leur milieu de travail.

Les emplois pour les jeunes bilingues sont souvent restreints au service à la clientèle, qui possède cependant des avantages certains pour ces jeunes. Ils peuvent accéder à un emploi facilement et ainsi continuer à pratiquer le français. Puisque plusieurs jeunes ne parlent plus français dans leur milieu familial et communautaire, le centre d'appels représente le seul endroit pour eux où ils peuvent pratiquer la langue française. Toutefois, plusieurs jeunes aspirent à travailler dans des secteurs du centre d'appels autres que le service à la clientèle, puisque celui-ci devient routinier à la longue et que l'emploi n'est pas très bien payé.

Pour des jeunes qui optent pour un plan de carrière plus audacieux, le service à la clientèle n'est qu'une porte d'entrée sur le marché du travail. Ces jeunes devront toutefois se tourner vers l'anglais pour gravir les échelons de l'entreprise. Dans le cas de Michel, ce qui l'intéresse vraiment, c'est de travailler aux ressources humaines. Or dans ce secteur, il n'aura pas besoin de ses compétences en français puisqu'il n'y a qu'au service à la clientèle où cette langue est nécessaire.

Les jeunes ont donc accès au centre d'appels en raison de leur bilinguisme, mais ils doivent choisir de travailler en anglais s'ils veulent accéder à un meilleur emploi. À long terme, une certaine marginalisation économique pourrait frapper les jeunes francophones. S'ils veulent utiliser leur français, ils devront rester au niveau hiérarchique le moins élevé de l'entreprise.

Conclusion

Les nouvelles conditions de travail que l'on trouve au centre d'appels peuvent donc se résumer comme suit. Lors du recrutement, les jeunes qui ne possèdent pas les compétences langagières requises se voient éliminés. Une sélection sociale s'effectue donc avant même l'entrée en fonction des nouveaux candidats, s'ils ne possèdent pas la norme requise en milieu de travail. Dans ce cas, la norme demande un bilinguisme équilibré. Cette norme pose problème aux jeunes Franco-Ontariens dont les compétences linguistiques sont souvent loin d'être à la hauteur des attentes. Nous avons également vu qu'une fois embauchés, certains jeunes comprennent l'importance d'améliorer leurs compétences langagières afin de travailler en tant que bilingues. Ces jeunes n'utilisent guère ou n'utilisent pas le français à la maison et voient le centre d'appels comme un endroit propice pour le faire. D'autres n'utiliseront le français qu'avec les clients, tout le reste de leur vie se déroulant en anglais. Enfin, nous avons vu que le centre d'appels offrait aux jeunes bilingues la possibilité de travailler au service à la clientèle. C'est à ce niveau hiérarchique que le bilinguisme est le plus en demande. Les jeunes qui souhaiteraient accéder à des postes supérieurs opteront pour l'anglais, qui est la langue dominante. Les jeunes bilingues qui veulent faire usage de la langue française restent donc marginalisés économiquement.

Les francophones du sud de l'Ontario voient un avenir prometteur pour leurs jeunes dans les nouveaux secteurs. Ils ont raison de croire que les centres d'appels ouvriront la porte à certains jeunes parce que ces derniers sont bilingues. Les centres d'appels et le besoin de main-d'œuvre bilingue peuvent également inciter les jeunes à apprendre et à conserver le français. Toutefois, on ne peut plus penser que la reproduction linguistique et culturelle chez les jeunes Franco-Ontariens passera par le français seulement. Les jeunes ne font plus partie d'une communauté traditionnelle et homogène. Avec leur bilinguisme, les jeunes posent les bases d'une nouvelle définition de ce qu'est la minorité francophone en Ontario.

BIBLIOGRAPHIE

BERNARD, Roger (1998), *Le Canada français : entre mythe et utopie*, Ottawa, Le Nordir.

CAMERON, Deborah (2000), *Good to Talk? Living and Working in a Communication Culture*, London, Sage.

CASTONGUAY, Charles (1999),« Évolution démographique des Franco-Ontariens entre 1971 et 1991 », dans Normand LABRIE et Gilles FORLOT (dir.), *L'enjeu de la langue en Ontario français*, Sudbury, Prise de parole, p. 15-32.

DABÈNE, Louise (1994), *Repères sociolinguistiques pour l'enseignement des langues : les situations plurilingues*, Paris, Hachette.

ERFURT, Jurgen (1999), « Le changement de l'identité linguistique chez les Franco-Ontariens », dans Normand LABRIE et Gilles FORLOT (dir.), *L'enjeu de la langue en Ontario français*, Sudbury, Prise de parole, p. 59-77.

FAIRCLOUGH, Norman (1992a), *Discourse and Social Change*, Cambridge, Polity Press.

FAIRCLOUGH, Norman (1992b), *Critical Language Awareness*, London, Longman.

GADREY, Jean (2000), *Nouvelle économie, nouveau mythe?*, Paris, Flammarion.

GEE, James Paul, Glynda HULL et Colin LANKSHEAR (1996), *The New Work Order*, London, Allen and Unwin.

GÉRIN-LAJOIE, Diane (1999a), « Representation of self : cultural and linguistic identity in minority settings », dans Jef VERSCHUEREN (dir.), *Language and Ideology : Selected Papers from the 6th International Pragmatics Conference*, vol.1, Anvers, Association internationale de pragmatique, p. 143-163.

GÉRIN-LAJOIE, Diane (1999b), *Sondage dans deux écoles secondaires de langue française en Ontario sur les habitudes linguistiques des élèves*, Toronto, Centre de recherches en éducation franco-ontarienne, OISE, Université de Toronto, 47 p.

LABRIE, Normand, Nathalie BÉLANGER, Roger LOZON, Sylvie ROY (2000), « Mondialisation et exploitation des ressources linguistiques : les défis des communautés francophones de l'Ontario », *La revue canadienne des langues vivantes*, vol. 57, n° 1, p. 88-117.

ROY, Sylvie (2000), « La normalisation linguistique dans une entreprise : le mot d'ordre mondial », *La revue canadienne des langues vivantes*, vol. 57, n° 1, p. 118-143.

SARANGI, Srikant et Celia ROBERTS (dir.) (1999), *Talk, Work and Institutional Order. Discourse in Medical, Mediation and Management Settings*, Berlin/New York, Mouton de Gruyter.

NOTES

2. Le projet « Prise de parole » est financé par le Conseil de recherches en sciences humaines du Canada (chercheurs principaux : Normand Labrie, Monica Heller, Université de Toronto, et Jürgen Erfurt, Johann-Wolfgang-Goethe Universität, Frankfurt am Main; collaboratrices : Annette Boudreau et Lise Dubois, Université de Moncton). Il est également financé par le programme Transcoop de la German-American Academic Council Foundation (chercheurs principaux : Jürgen Erfurt, Monica Heller et Normand Labrie) et l'AUPELF-UREF (chercheurs principaux : Patrice Brasseur et Claudine Moïse, Université d'Avignon et des Pays de Vaucluse, et Rada Tirvassen, Mauritius Institute of Education).

2. Je ne nomme pas explicitement la région afin de préserver l'anonymat de l'entreprise étudiée.

FRANCOPHONIES
D'AMÉRIQUE

IDENTITÉ BILINGUE ET JEUNES EN MILIEU FRANCOPHONE MINORITAIRE : UN PHÉNOMÈNE COMPLEXE

Diane Gérin-Lajoie
Centre de recherches en éducation franco-ontarienne
Institut d'études pédagogiques de l'Ontario
Université de Toronto

Nous examinerons ici les parcours identitaires d'un groupe d'adolescents et d'adolescentes qui fréquentent l'école secondaire minoritaire de langue française. Cet examen se fait à partir du discours tenu par les jeunes sur le sujet et à partir des représentations qu'ils se font de ces parcours identitaires, en tenant compte du fait que ces représentations résultent de leur trajectoire de vie. Partant du principe que l'identité s'acquiert et constitue en fait une construction sociale (Barth, 1969; Juteau-Lee, 1983), qu'elle n'est donc pas quelque chose d'inné, nous étudierons la façon dont la notion d'identité s'articule chez les adolescents et les adolescentes, en nous intéressant plus précisément au discours que ces derniers, en tant qu'individus appartenant à une minorité linguistique, tiennent à ce sujet. L'analyse proposée reconnaît au départ le rôle essentiel tenu par la langue dans le processus de construction et de représentation identitaires des individus. La langue est en effet au centre des rapports sociaux, puisque c'est en très grande partie par le biais de la communication que ces rapports s'établissent. Les résultats d'un programme de recherche de trois ans, récemment mené à terme, serviront à illustrer ma réflexion. Les données ethnographiques recueillies auprès d'un groupe d'adolescentes et d'adolescents vivant en Ontario montrent, entre autres, que le processus de construction identitaire représente un phénomène des plus complexes et que les parcours identitaires, de même que les représentations que s'en font les jeunes, sont dans un état de perpétuelle mouvance.

Cadre conceptuel de la recherche

Objectifs

Le programme de recherche *La représentation identitaire chez les jeunes fran-cophones vivant en milieu minoritaire*[1] avait pour objectif général d'examiner les parcours identitaires d'un groupe d'adolescents et d'adolescentes fréquentant l'école secondaire minoritaire de langue française. Le cadre d'analyse utilisé prenait comme point de départ que le discours identitaire tenu par les jeunes est conçu en fonction de représentations et que ces représentations résultent quant à elles de la trajectoire de vie particulière à chaque individu. Dans ce contexte, le discours identitaire sert en quelque sorte à se positionner au sein de la dualité linguistique et culturelle canadienne, en ce qui a trait à l'apparte-nance de groupe.

L'étude dont il est ici question part de deux principes. Le premier reconnaît que l'identité s'acquiert, qu'elle n'est pas quelque chose d'inné, bref, qu'elle est le résultat d'une construction sociale (Breton, 1968, 1994; Juteau-Lee, 1983; Juteau, 1994). L'identité se construit en effet à partir d'activités quotidiennes qui définissent les rapports sociaux. La notion d'identité ne peut donc pas être décrite en dehors du contexte social dans lequel elle évolue, étant donné que c'est ce contexte qui lui donne un sens. Le deuxième principe, pour sa part, reconnaît que le rapport à l'identité et à la langue – élément central dans la construction identitaire – évolue à l'intérieur de rapports sociaux dialec-tiques complexes, au moyen de pratiques sociales et langagières quotidiennes (Barth, 1969; Juteau-Lee, 1983). Par exemple, le fait de naître dans une famille francophone en contexte minoritaire ne signifie pas pour autant qu'on soit automatiquement francophone. On l'est à condition d'être exposé à la langue et à la culture françaises et de faire le choix de vivre en francophone. Cepen-dant, dans ce milieu, ce choix s'avère parfois difficile à faire, étant donné l'omniprésence de la culture majoritaire anglo-saxonne.

L'étude menée cherchait à examiner comment s'articule l'idée d'identité chez les adolescents et les adolescentes et comprenait deux objectifs précis. Le premier consistait à comprendre comment se perçoivent et se définissent les adolescents et les adolescentes en tant qu'individus appartenant à une minorité linguistique, pour ensuite analyser le parcours qui les mène à ce positionnement, à ces choix identitaires – en mettant l'accent, dans le contexte actuel, sur la notion d'identité bilingue. Puisque cette notion semble très présente de nos jours dans le discours des jeunes, ce programme de recherche a visé à mieux comprendre ce qu'elle signifie pour ces jeunes[2]. Le deuxième objectif était de déconstruire cette notion d'identité bilingue dans le but d'en mieux comprendre la signification auprès des adolescents et des adoles-centes, d'examiner de quelles façons une telle forme identitaire peut exister en soi, en tant que phénomène stable, ou de déterminer s'il s'agit plutôt d'un phénomène transitoire conduisant immanquablement à l'assimilation au groupe majoritaire anglophone.

L'étude a reconnu le rôle essentiel que tient la langue dans le processus de construction et de représentation identitaires des individus. C'est d'abord dans la famille que l'individu acquiert un sens d'appartenance au groupe, que l'identité se forme, puisque la famille constitue, en quelque sorte, le premier agent de reproduction sociale, linguistique et culturelle. Nous en avons donc tenu compte en examinant le contexte familial dans lequel vivent les adolescents et les adolescentes. Nous avons également examiné le rôle que joue le groupe d'amis et amies dans la formation de l'identité des jeunes qui ont participé à notre étude. Mais c'est surtout dans le contexte scolaire que nous avons examiné la notion d'identité, à cause du rôle essentiel que joue l'école dans la production et la reproduction de la langue et de la culture françaises. En résumé, le programme de recherche réalisé visait à mieux comprendre comment s'articule le processus d'identification au groupe linguistique et culturel chez les adolescents et les adolescentes qui vivent en milieu francophone minoritaire, en mettant particulièrement l'accent sur la notion d'identité bilingue, dans le contexte spécifique de l'école secondaire franco-ontarienne.

Méthodologie

Pour ce projet de recherche, nous avons surtout fait appel à des techniques de recherche de type qualitatif associées à l'approche ethnographique, soit l'entrevue semi-dirigée, l'observation et l'analyse documentaire. Toutefois, nous avons également eu recours au début à l'analyse quantitative, puisque nous avons réalisé un sondage qui a permis, dans un premier temps, d'obtenir des informations factuelles sur les activités des adolescents et des adolescentes et sur la langue utilisée pour ces activités. Ce sondage a été administré pendant la première année du projet. L'échantillon des répondants et des répondantes comprenait 459 élèves de 10e et 11e années de deux écoles secondaires de langue française de l'Ontario, dont une était située dans le centre de la province et l'autre, dans l'est. L'administration de ce questionnaire visait trois objectifs : 1) obtenir de l'information factuelle sur les habitudes linguistiques des élèves dans leurs activités quotidiennes; 2) obtenir de l'information biographique sur les élèves afin de dresser un profil de la population à l'étude; 3) sélectionner un échantillon de dix élèves, pour participer au volet qualitatif du projet de recherche. La sélection des élèves qui ont participé à ce deuxième volet s'est effectuée à partir des critères suivants : nous avons retenu cinq élèves par école et un nombre égal de garçons et de filles; au moins un des parents ou tuteurs ou tutrices possédait le français comme langue maternelle; dans la mesure du possible, l'élève n'était pas enfant unique; une représentation proportionnelle d'élèves se percevaient comme francophones, bilingues, trilingues ou anglophones.

Dans la présente étude, c'est la recherche qualitative de type ethnographique qui a constitué la partie la plus importante du volet empirique. Cette dernière a permis de tracer les portraits identitaires des adolescents et adolescentes sélectionnés. À notre avis, l'analyse qualitative se prêtait bien à une telle démarche, puisque les parcours identitaires des individus ne peuvent être véritablement examinés que dans le cadre d'une analyse qui donne la parole aux participants et participantes et qui permet d'examiner leurs expériences de vie quotidienne.

La cueillette de données en vue de l'établissement de ces profils s'est effectuée pendant la durée complète du programme de recherche, soit trois ans. Nous avons effectué cinq séjours d'une semaine chacun dans les écoles sélectionnées[3], à raison de deux chercheurs par école; nous y avons fait des observations et des entrevues semi-dirigées ainsi qu'une analyse des documents pertinents à notre recherche.

Observations. Nous avons observé les élèves sélectionnés dans leur milieu scolaire, afin d'examiner de près le type d'interactions sociales et langagières auxquelles ils participaient et de voir de quelle façon ces interactions influaient sur leur discours et sur leur appartenance linguistique et culturelle. Nous avons effectué au total 100 journées d'observation; ainsi avons-nous pu suivre les élèves dans leurs cours, à la cafétéria, dans les corridors et les lieux où se tenaient les activités parascolaires.

Entrevues semi-dirigées. Au total, 115 entrevues ont été réalisées au cours du projet. Ont participé à ces entrevues les élèves sélectionnés (à raison de deux entrevues par année, pendant trois ans), les parents, les frères et sœurs, les amis et amies, le personnel enseignant qui donnait des cours aux dix élèves, de même que la direction des écoles fréquentées par les jeunes[4].

Analyse documentaire. Nous avons examiné les documents qui pouvaient nous être utiles dans le contexte de notre recherche. Cette analyse a porté surtout sur l'information écrite décrivant les écoles que fréquentent les jeunes à l'étude.

Séance de travail. En dernier lieu, les élèves ont participé, à Toronto, à une séance de travail d'une fin de semaine; celle-ci portait sur la question de l'identité linguistique et culturelle. Les élèves des deux régions ont ainsi eu l'occasion de se rencontrer et d'échanger sur diverses notions reliées à la question identitaire. Nous en avons également profité pour faire réfléchir les jeunes sur leur participation au projet de recherche et sur les effets qu'elle pourrait avoir sur la conception qu'ils se faisaient de leur rapport à la langue et à la culture. Les données recueillies ont permis d'atteindre notre objectif général, qui consistait à examiner les parcours identitaires des jeunes sélectionnés. En effet, nous avons pu examiner de près, au cours des trois années de fonctionnement du projet, le rapport à la langue et à la culture françaises entretenu par les jeunes. Quant à l'objectif particulier visant une meilleure compréhension de la notion d'identité bilingue, il a également été atteint, grâce à l'abondance des données recueillies et à la richesse de leur contenu.

Résultats de l'étude

Prévalence de l'identité bilingue

Les résultats du sondage ont démontré, dans un premier temps, que la majorité des jeunes interrogés se percevaient comme possédant une identité bilingue, dans le centre comme dans l'est de la province (Gérin-Lajoie, 1999, 2000). Nous avions demandé également aux répondants et aux répondantes de préciser quelle était la langue dominante dans leur milieu – le français, l'anglais ou une troisième langue. Dans le cas des jeunes bilingues qui vivent dans l'est de l'Ontario, le français a été présenté comme la langue dominante, alors que dans le centre, c'est plutôt l'anglais qui le serait. Ces résultats ne devraient pas surprendre outre mesure, étant donné que le centre de l'Ontario est la région de la province où les francophones sont les plus dispersés sur le territoire. Ce même discours sur la notion d'identité bilingue se retrouve aussi parmi les dix jeunes qui ont participé à l'étude ethnographique. Dans les entrevues où nous avons abordé cette question, la très grande majorité du groupe s'est en effet définie comme bilingue, par opposition à francophone ou anglophone. Nous verrons plus loin cependant que l'interprétation de ce concept est loin d'être la même pour tous les répondants.

Ce constat en ce qui a trait au phénomène de bilinguisation que l'on remarque en milieu francophone minoritaire rejoint ainsi les conclusions tirées par d'autres auteurs, tels que Bernard (1991, 1998) et Castonguay (1999). Cependant, le volet ethnographique de l'étude a permis de constater que la question de l'identité bilingue est beaucoup plus complexe qu'elle ne le paraît dans les ouvrages existants qui traitent de cette question. En milieu minoritaire, le concept d'identité bilingue est en effet souvent perçu comme négatif et menant directement à l'assimilation au groupe majoritaire anglophone (Castonguay, 1999; Bernard, 1991, 1998). Cette conclusion paraît prématurée. La relation directe et, selon nous, mécanique que ces auteurs ont tenté de faire entre l'identité bilingue et l'assimilation au groupe dominant anglophone, c'est-à-dire l'idée qu'un individu qui dit posséder une identité bilingue sera tôt ou tard assimilé à la majorité anglophone, nous apparaît à la fois déterministe, alarmiste et défaitiste.

Il est vrai que les frontières linguistiques sont de plus en plus difficiles à circonscrire pour beaucoup de francophones qui vivent en milieu minoritaire et que l'influence anglo-saxonne s'y fait de plus en plus pressante. Néanmoins, les propos qu'ont tenus les adolescents et les adolescentes que nous avons suivis semblent indiquer un rapport à la langue qui s'avérerait beaucoup plus complexe, beaucoup plus nuancé, que ce qui est présenté généralement dans les études à grande échelle et à caractère quantitatif.

Sens multiples accordés à l'identité bilingue

Le discours de ces jeunes à cet égard a pris en effet diverses formes. Bien que tous, à l'exception d'un élève, se soient définis comme bilingues – et même trilingues dans quatre cas – ils se positionnent différemment face à leur appartenance de groupe et à leur rapport à la langue. Ainsi, le discours identitaire n'est pas le même pour tous les élèves, même si la réalité sociale, que l'on pourrait peut-être ici taxer d'« objective », semble l'être. Par exemple, une adolescente du centre de la province, qui s'est déclarée bilingue, possède un sens d'appartenance très marqué à la langue et à la culture françaises, sens d'appartenance qui est très présent dans son discours. Un autre élève, qui habite dans l'est de la province et qui s'est aussi déclaré bilingue, montre une nette tendance à l'anglicisation, tant sur le plan de la langue que sur le plan de la culture. Pourtant, les deux ont dit posséder une identité bilingue. De plus, pour chacun et chacune de ces jeunes, nous avons constaté que les parcours identitaires ne sont ni statiques ni linéaires et qu'ils consistent plutôt en un va-et-vient continuel entre les deux frontières linguistiques et culturelles – et même, dans certains cas, entre trois frontières. En ce qui concerne spécifiquement l'usage de la langue française, il est circonstanciel et contextuel. Les pratiques langagières résultent en effet de rapports sociaux dialectiques, qui en déterminent ainsi les paramètres. Breton (1994) en parle à ce titre de « différences contextuelles ». Par exemple, avec les amies et amis, la très grande majorité de ces jeunes utilisent l'anglais dans leurs échanges. Avec le personnel enseignant à l'école, ils parlent français – à moins qu'ils ne tentent de défier l'autorité en utilisant délibérément l'anglais. Les jeunes passent donc facilement d'une langue à l'autre. Ce va-et-vient, ce phénomène de mouvance, dépend donc en grande partie des pratiques sociales dans lesquelles les jeunes sont engagés. Dans ce contexte, le sens d'appartenance au groupe résultera lui aussi de rapports sociaux dialectiques, parfois difficiles à cerner. Comme l'a expliqué Bernard (1988) :

> Il faut donc s'attendre à des variations considérables dans ce que la collectivité représente pour les individus comme réalité symbolique et expérientielle. Être francophone et minoritaire peut difficilement se vivre de la même manière pour tous ceux dont l'origine ethnique ou les traits linguistiques « objectifs » permettent un lien de fait ou possible avec la francophonie (p. 23-24).

Bernard admet ainsi la complexité du phénomène d'appartenance de groupe, même si, en dernière instance, l'analyse qu'il présente de la réalité francophone minoritaire peut être perçue comme étant quelque peu réductionniste.

Chez les adolescentes et les adolescents que nous avons suivis pendant trois ans, la réalité symbolique et les expériences quotidiennes varient grandement. Nous avons noté en effet que, dans le discours des jeunes, se positionner comme bilingues prend différentes significations et ne représente pas nécessairement un rejet catégorique de la langue française et de l'appartenance à la francophonie. Les expériences quotidiennes des jeunes et le discours qu'ils tiennent sur la question de l'identité nous font constater que leurs parcours identitaires sont variés, l'éventail allant des francophones convaincus aux anglophones convertis. Pour plusieurs, le français est souvent vu comme un moyen d'accéder à de meilleurs emplois. Le bilinguisme comme objet utilitaire, de commodité pour ainsi dire, est une notion très présente dans le discours de ces adolescentes et de ces adolescents. Cette constatation ne devrait cependant pas surprendre, étant donné le contexte de mondialisation dans lequel nous évoluons comme société et son influence sur les modes de pensée actuels.

Nous avons constaté par ailleurs que certains de ces jeunes prennent une position plutôt ferme en ce qui a trait à leur appartenance à la francophonie, qu'elle soit ontarienne, canadienne ou internationale. Pour ceux-ci, le fait d'être francophone représente beaucoup plus qu'une simple commodité. Quelques-uns ont insisté sur l'importance de la culture, lorsqu'on en vient à parler du sens d'appartenance. La notion de culture est prise ici non seulement dans son sens folklorique, mais également dans le sens du quotidien, dans les gestes qui sont posés. Cela se traduit, pour certains d'entre eux, par une participation active à des activités qui se déroulent entièrement en français, que ce soit dans le domaine des arts, des activités sportives ou même dans des associations qui ont pour mandat de sensibiliser les jeunes au fait français.

Famille, amies et amis

La famille semble jouer un rôle de première importance dans la façon dont les jeunes se positionnent face à la langue et à leur appartenance de groupe. Comme l'a déjà mentionné Juteau-Lee (1983), le milieu familial contribue grandement au processus de construction identitaire, étant donné que l'identité se construit à travers les multiples rapports sociaux qui s'établissent entre les individus et que ces rapports débutent, de façon générale, dans le milieu familial. Parmi les jeunes que nous avons suivis, ceux et celles dont les parents privilégient l'usage du français dans les rapports quotidiens semblent tenir un discours qui insiste davantage sur l'importance de la langue française, alors que les autres élèves vivent dans un environnement familial où l'on tient moins compte de cette question.

La façon dont les parents se positionnent par rapport aux enjeux propres à la francophonie semble avoir également une incidence sur le sens d'appartenance des jeunes. Dans les familles où les parents sont sensibilisés au fait français, non seulement en ce qui concerne l'usage de la langue mais également l'importance de « vivre sa francophonie », les adolescentes et adolescents tiennent un discours qui démontre clairement une préoccupation à cet égard. Pour ces derniers, il semble que vivre en français dépasse grandement le simple usage de la langue comme moyen de communication dans les rapports quotidiens, où le français représente en somme quelque chose d'utile.

Par ailleurs, il ne faut pas minimiser l'influence des amies et amis dans la vie des jeunes que nous avons suivis. Les données recueillies indiquent qu'effectivement le groupe d'amis et amies contribue de façon substantielle au phénomène d'anglicisation chez les jeunes. Lorsqu'ils sont en groupe, ceux-ci privilégient, de façon générale, des activités en anglais (en grande partie à cause du manque d'activités en français) et la langue d'échange devient, pour la grande majorité d'entre eux, l'anglais. Mais il demeure que, chez certains de ces jeunes, le discours véhiculé insiste néanmoins sur l'importance de la langue et de la culture françaises dans leur vie. Pour eux, cette préférence pour l'anglais ne signifie aucunement une absence totale de conscience sociale, pas plus qu'un rejet définitif du français comme langue d'appartenance.

Conclusion

Sur le plan de la recherche fondamentale, la présente étude fournit donc des pistes de réflexion intéressantes en ce qui a trait à la notion d'identité bilingue, puisqu'elle révèle la complexité de ce concept, complexité que des études antérieures, surtout de nature quantitative, n'ont pas réussi à saisir. L'examen des données recueillies semble indiquer qu'en ce qui concerne le concept d'identité bilingue, nous ne sommes pas nécessairement en présence d'un phénomène transitoire conduisant immanquablement à l'assimilation des jeunes au groupe anglophone majoritaire. Les parcours identitaires examinés démontrent plutôt un va-et-vient continuel d'une frontière linguistique à l'autre, ce qui nous amène à constater la présence d'un phénomène de mouvance (Gérin-Lajoie et Labrie, 1998). Ce terme apparaît tout à fait approprié dans le contexte de notre réflexion, puisqu'il illustre bien le dynamisme des rapports sociaux et langagiers qui caractérisent le milieu francophone minoritaire, peu importe les sphères de vie examinées. Ce phénomène de mouvance en ce qui a trait aux divers positionnements des individus face à la langue et à la culture marque profondément le parcours identitaire de ces mêmes individus. C'est dans ce contexte que l'on devrait examiner la réalité francophone minoritaire et, dans ce sens, l'avenir même de la francophonie.

Cela ne signifie pas pour autant, par ailleurs, que le danger de l'assimilation est écarté. Se définir comme bilingue peut effectivement indiquer une préférence nette pour la langue et la culture majoritaires anglophones et mener par la suite à un rejet total de la francophonie. Il faut cependant reconnaître la complexité des pratiques sociales qui ont cours en milieu francophone minoritaire. De là l'importance de nuancer les résultats de recherche, afin de brosser un tableau de la situation le plus réaliste possible. Cette réalité, même si elle s'avère parfois difficile à cerner, mérite à notre avis une attention plus soutenue de la part des chercheurs. Les pratiques sociales et langagières doivent être examinées dans leur quotidien, tout en tenant compte de la complexité du milieu dans lequel elles évoluent.

BIBLIOGRAPHIE

BARTH, Fredrik (1969), *Ethnic Groups and Boundaries: The Social Organization of Culture Difference*, Boston, Little, Brown & Co.

BERNARD, Roger (1998), *Le Canada français : entre mythe et utopie*, Hearst, Le Nordir.

BERNARD, Roger (1991), *Le déclin d'une culture : recherche, analyse et bibliographie – Francophonie hors-Québec – Tome 1*, Ottawa, Fédération des jeunes Canadiens français.

BERNARD, Roger (1988), *De Québécois à Ontarois*, Hearst, Le Nordir.

BRETON, Raymond (1968), « Institutional Completeness of Ethnic Communities and the Personal Relations of Immigrants », dans B.R. BLISHEN (dir.), *Canadian Society: Sociological Perspectives*, Toronto, MacMillan of Canada, p. 77-94.

BRETON, Raymond (1994), « Modalités d'appartenance aux francophonies minoritaires. Essai de typologie », *Sociologie et sociétés*, vol. 26, nº 1, p. 59-69.

CASTONGUAY, Charles (1999), « Évolution démographique des Franco-Ontariens entre 1971 et 1991, suivi d'un aperçu du recensement de 1996 », dans Normand LABRIE et Gilles FORLOT (dir.) *L'enjeu de la langue en Ontario français*, Sudbury, Les Éditions Prise de parole.

GÉRIN-LAJOIE, Diane (2000), *La représentation identitaire chez les jeunes francophones vivant en milieu minoritaire – Rapport de productivité (CRSH)*, Toronto, 2000, 10 p.

GÉRIN-LAJOIE, Diane (1999), *Sondage dans deux écoles secondaires de langue française en Ontario sur les habitudes linguistiques des élèves*, Toronto, Centre de recherches en éducation franco-ontarienne, OISE, Université de Toronto, 47 p.

GÉRIN-LAJOIE, Diane et Normand LABRIE , « Le discours identitaire : un cadre conceptuel », Actes du colloque de l'ACFAS, mai 1998, soumis pour publication.

JUTEAU-LEE, Danièle (1983), « La production de l'ethnicité ou la part réelle de l'idéel », *Sociologie et sociétés*, vol. 15, nº 2, p. 39-55.

JUTEAU, Danièle (1994), «Essai – Multiples francophonies minoritaires : multiples citoyennetés», *Sociologie et sociétés*, vol. 26, nº 1, p. 33-45.

NOTES

1. Ce programme de recherche (1997-2000) a été subventionné par le Conseil de recherches en sciences humaines du Canada. Je tiens à souligner l'excellent travail de mes assistantes et assistants de recherche, sans qui ce projet n'aurait pas pu être mené à terme. Il s'agit de Marquis Bureau, Helen Faulkner, Douglas Gosse, Amal Maddibo et Sylvie Roy. Je remercie également Roselyne Roy, secrétaire principale au CREFO, qui a réalisé la trans-cription intégrale des entrevues semi-dirigées.

2. Plusieurs de mes recherches effectuées dans les écoles secondaires de langue française en Ontario ont souligné l'importance de la notion d'identité bilingue, sans toutefois en creuser véritablement le sens.

3. Une troisième école secondaire est venue s'ajouter dans l'Est. Une élève a en effet changé d'école pendant la deuxième année de fonctionnement du projet. Nous l'avons donc suivie dans son nouvel établissement.

4. Dans le cas des élèves, les entrevues ont porté sur les sujets suivants : l'école, le groupe d'amies et amis, la langue et la culture françaises, leur participation aux associations francophones et l'identité. Les membres des familles des élèves ont été interrogés sur la place de la langue et de la culture françaises dans les activités familiales. Le personnel des écoles a, pour sa part, été interrogé sur son rôle d'agent de production et de reproduction sociale, linguistique et culturelle.

FRANCOPHONIES
D'AMÉRIQUE

L'IDENTITÉ DANS UN MILIEU MINORITAIRE : ENQUÊTE AUPRÈS DE LA JEUNESSE FRANCO-AMÉRICAINE DE BERLIN, AU NEW HAMPSHIRE

Éric Joly
Département de géographie
Université d'Ottawa

La thèse que nous préparons constitue une réflexion sur l'identité en milieu minoritaire. Le milieu en question est la ville de Berlin, au New Hampshire, lieu d'immigration de nombreux Canadiens français au milieu du XIXᵉ siècle, attirés là par l'industrie des pâtes et papiers. Comme méthode, nous avons privilégié l'enquête au moyen d'un questionnaire. Le groupe ciblé est la jeunesse franco-américaine (15-19 ans) qui, par son témoignage, livre une information précieuse sur la définition de soi et l'appartenance en milieu minoritaire franco-américain.

La Grande immigration : naissance des communautés franco-américaines

De 1850 à 1930, environ 900 000 Canadiens français ont quitté le Québec pour les États-Unis (Roby, 1990, p. 57). Ces émigrés se sont dirigés majoritairement vers les six États de la Nouvelle-Angleterre. Plusieurs raisons expliquent cette migration, la plus importante étant de nature économique : travailler dans une manufacture de textile et obtenir un chèque à toutes les semaines se comparait avantageusement au travail agricole saisonnier et instable économiquement. Avec les années, de nombreuses communautés francophones prirent naissance au pays de l'Oncle Sam. En 1900, 33 000 Canadiens français vivaient à Fall River (Massachusetts), 23 000 à Manchester (New Hampshire) et 13 300 à Lewiston-Auburn (Maine) (Roby, p. 63). Dans toutes ces villes, on trouvait des concentrations canadiennes-françaises, soit des « petits Canadas » avec des églises, des écoles et des quotidiens de langue française.

La diminution de l'émigration aux États-Unis vers 1930 a eu pour effet d'affaiblir la vitalité de bien des communautés franco-américaines. Le krach de 1929 entraîna la fermeture de nombreuses manufactures et l'émigration massive des Canadiens français cessa, ce qui vint mettre un terme à l'afflux de nouveaux arrivants dans la région. Le tarissement de l'immigration isola les Franco-Américains et amena, au fil des ans, une diminution de leurs contacts avec le Québec, ce qui les rendit plus susceptibles de s'assimiler. Après les fermetures des manufactures – qui étaient la raison d'être des communautés franco-américaines, la population franco-américaine se dispersa sur tout le territoire et les communautés « tricotées serrées » commencèrent à s'effriter. C'est aussi à partir de ce moment que la Franco-Américanie commença à   perdre ses points d'ancrage, soit ses écoles, ses journaux et ses églises.

Cependant, certaines concentrations franco-américaines subsistent toujours. Le recensement des États-Unis de 1990 indique que 359 949 personnes habitant en Nouvelle-Angleterre parlent français à la maison. À l'échelle de la région, cela représente 3 % de la population.

Tableau 1
Population « française » de la Nouvelle-Angleterre, 1990

État	Population de 5 ans et plus	Population de plus de 5 ans parlant français à la maison (pourcentage du total)	Population de plus de 5 ans d'origine ethnique française (pourcentage du total)
Maine	1 142 122	81 012 (7 %)	336 227 (27 %)
New Hampshire	1 024 621	51 538 (5 %)	324 569 (29 %)
Vermont	521 521	17 171 (3 %)	166 697 (30 %)
Massachusetts	5 606 751	124 973 (2 %)	946 630 (16 %)
Connecticut	3 060 000	53 586 (2 %)	371 274 (11 %)
Rhode Island	936 423	31 669 (3 %)	206 971 (21 %)
TOTAL	**12 291 438**	**359 949 (3 %)**	**2 352 368 (18 %)**

Source : Table ED 90-6, Languages Spoken at Home by Persons 5 Years and Above, 1990 Census of the United States.

Le recensement révèle également que dans le comté de Coos, le comté le plus au nord de l'État du New Hampshire, 20,9 % des 32 584 résidents parlent français à la maison, soit une personne sur cinq. C'est dans ce comté que se trouve Berlin, une ville d'environ 12 000 habitants dont 40 % affirment parler français à la maison.

Berlin (New Hampshire) : une ville érigée par l'industrie forestière

Berlin est située le long de la rivière Androscoggin, à proximité de la région des Montagnes blanches, et à 105 kilomètres de la frontière québécoise. C'est l'industrie forestière qui est à l'origine de la fondation de la ville. Au milieu du XIXe siècle, la compagnie H. Winslow & Co. obtient le droit d'exploiter les chutes de la rivière Androscoggin : aussi y établit-elle une scierie peu après[1]. La société prendra le nom de Berlin Mills Company puis celui de Brown Company en 1917. La croissance de l'entreprise se fera parallèlement avec celle de Berlin.

C'est au début du XXe siècle que le rythme de développement de la ville s'accélère. Berlin devient alors un centre industriel particulièrement achalandé. Un grand nombre de personnes s'y établissent alors, entre autres des Norvégiens, des Italiens, des Irlandais et des Russes, ce qui contribuera à la croissance d'une population multiculturelle qui atteint 20 000 âmes dès 1930[2]. Les Canadiens français, qui délaissent en grand nombre leurs terres agricoles au Québec pour venir s'établir dans cette ville prometteuse vers le début du XXe siècle y laisseront eux aussi leurs marques.

Des données démographiques montrent que la population de Berlin se chiffrait à 15 256 âmes en 1970[3]. Depuis, la population a beaucoup diminué. En 1997, elle s'établissait à 11 928, soit un effectif comparable à celui du début du XXe siècle. Au cours des trente dernières années, la population a donc chuté dramatiquement de 21,8 %. L'hypothèse la plus probable pour expliquer cette chute est la réorientation de l'économie nationale : d'une économie d'extraction des matières premières, on est passé à une économie de services et d'information. Ces changements incitent quantité de jeunes à quitter la région afin de se dénicher un emploi ailleurs. Notre enquête met l'accent sur les jeunes qui habitent Berlin, mais paradoxalement, ce sont ces derniers qui quittent la ville quand le moment est opportun. En 1997, le pourcentage de la population âgée de trente ans ou plus se chiffrait à 61,8 %. Bref, ces chiffres montrent clairement le vieillissement et la diminution de la population de la ville.

Pourquoi choisir Berlin comme terrain de recherche?

D'emblée, Berlin nous a semblé un choix judicieux comme terrain de recherche sur ce qu'il advient des communautés franco-américaines. Parmi les raisons qui ont motivé notre choix, il y a d'abord le fait que 40 % de la population de Berlin parle français à la maison et que 65 % de la population dit être d'ascendance française ou canadienne-française. En dehors du nord de l'État du Maine, cette ville est celle où on trouve le plus grand nombre de personnes qui affirment parler français à la maison, en Nouvelle-Angleterre. Également, la proximité de la frontière québécoise s'avère un fait intéressant et il sera révélateur d'en mesurer l'effet sur les identités. Un autre facteur qui explique notre choix est l'isolement relatif dans lequel vit cette petite ville industrielle, dans le nord du New Hampshire. Est-ce que cet isolement peut servir à expliquer en partie pourquoi, en 1990, deux personnes sur cinq y parlent encore le français à la maison ?

Aujourd'hui, on ne célèbre qu'une messe par mois en français à la paroisse Good Shepherd. En dépit du pourcentage élevé de Franco-Américains dans la ville, il n'y a plus d'écoles françaises ou bilingues à Berlin. L'école secondaire Notre-Dame, la dernière école bilingue, a fermé ses portes en 1972. On donne cependant des cours de langue et de littérature françaises à l'unique école secondaire de l'endroit. Ces cours s'inscrivent dans la catégorie « World Languages ». En ce qui concerne les médias, il n'y a pas de journal de langue française à Berlin, mais on peut y capter un poste français, soit Radio-Canada.

La problématique : l'identité des jeunes

Le thème fondamental qui anime notre démarche est l'identité de la jeunesse franco-américaine habitant Berlin. Afin d'en arriver à mieux comprendre ce concept, nous examinerons plusieurs éléments constitutifs de l'identité, soit la langue, la culture, le milieu, etc. Au premier plan, qu'est devenue la culture franco-américaine depuis l'affaiblissement des « petits Canadas » ? Existe-t-elle toujours ? Quel est l'effet du milieu sur l'appartenance et l'identité ? Quel rôle y joue la langue ?

Plus spécifiquement, nous désirons savoir comment se définissent aujourd'hui les adolescents qui sont d'ascendance française. Comment interprètent-ils leurs racines francophones ? Quelle place réservent-ils à la langue et à la culture françaises ou canadiennes-françaises dans leur vie quotidienne ? Dans quel contexte utilisent-ils le français ? Entretiennent-ils des rapports privilégiés avec le Québec, avec des membres de leur famille habitant au Canada ? Ainsi, notre recherche vise non seulement ceux qui parlent français mais aussi les Franco-Américains qui ne parlent pas le français mais qui s'identifient à la culture. Avec l'intérêt grandissant pour la généalogie et la présence des nombreux festivals consacrés à la langue et à la culture françaises, bon nombre de Franco-Américains affichent maintenant, plus que jamais, leur fierté ethnique. Bref, le thème de l'identité suscite une multitude de questions.

En nous attachant à la jeunesse franco-américaine de la ville de Berlin, au New Hampshire, nous cherchons à cerner les éléments sur lesquels s'articule l'identité franco-américaine. Nos thèmes principaux de recherche sont la place qu'occupent la langue et la culture françaises dans la vie de ces jeunes et la façon dont cela contribue à façonner leur identité.

Pourquoi mener une enquête sur les jeunes ?

La jeunesse franco-américaine est la cible de notre enquête, parce que sa perspective permettra de mieux comprendre l'aboutissement du fait français en Nouvelle-Angleterre. En interrogeant la jeunesse, nous percevrons mieux ce qu'est devenue la communauté franco-américaine dans un contexte moderne et les nouvelles formes qu'adopte sa culture. Nous voulons savoir comment les jeunes se positionnent aujourd'hui par rapport à leur identité culturelle.

De plus, nous voulons en apprendre davantage sur les jeunes, car ce sont eux qui façonneront le visage futur de la communauté franco-américaine. À une plus grande échelle, nous faisons l'hypothèse que l'identité culturelle des jeunes de Berlin ressemble à celle des jeunes d'autres communautés franco-américaines qui, à leur tour, sont héritiers de la culture franco-américaine; voilà qui donne une plus grande portée à notre travail. Normand Charest,

Franco-Américain militant né à Berlin, croit qu'il est plus facile aujourd'hui que par le passé d'aborder le sujet de l'héritage francophone avec la jeunesse franco-américaine.

I think it's going to be easier getting through to today's kids than it would ever have been for my generation [1940-1950]. And the reason for that is that they were not shamed in the process. Today in the American society you are not shamed because of that. So these kids today don't carry that baggage, do not have that anger[4].

Le questionnaire

Comment assurer des réponses à toutes nos questions ? Comment recueillir l'information que nous cherchons ? Pour y arriver, nous avons privilégié l'enquête par questionnaire. Nous croyons que cet outil de recherche nous permettra de mieux découvrir les valeurs et attitudes de la jeunesse franco-américaine et de jeter la lumière sur ce qui contribue à son identité. Avant de procéder à la rédaction de notre questionnaire, nous avons fait une analyse exhaustive d'enquêtes similaires et nous avons passé au crible les questionnaires sur lesquels elles étaient basées. Nous en avons retenu huit, réalisés dans le but d'approfondir les connaissances sur des communautés franco-américaines et canadiennes-françaises[5]. Ceux-ci nous ont largement inspiré.

Notre questionnaire contient six grands volets. La première section porte sur l'identité du répondant. La deuxième section contient des questions qui se rapportent à sa famille. On y trouve des questions sur le lieu de naissance des parents, le lieu de résidence de la parenté au Canada, etc. La troisième section porte sur les pratiques langagières. Ici on trouve des questions sur l'usage du français par le répondant : parlez-vous français ? avec qui ? dans quel contexte ?, etc. La section suivante se rapporte aux médias. Nous tentons ici de mesurer l'intérêt porté, par exemple, à Radio-Canada, accessible à Berlin. La cinquième section est destinée à explorer les attitudes à l'égard de la langue française. Enfin, la question de l'identité fait l'objet de la dernière partie du questionnaire.

L'enquête menée et la création du groupe « franco-américain »

Le 13 novembre 2000, 342 étudiants de la 9e à la 12e année de l'école secondaire de Berlin ont rempli notre questionnaire en classe. De ce nombre, 338 questionnaires ont été retenus, parmi lesquels 255, soit 75 %, sont le fait de répondants appartenant vraisemblablement à la communauté franco-américaine. Nous avons inclus dans ce groupe tous les cas dont au moins un des deux parents parle un peu le français[6].

Joly

Tableau 2
« Est-ce que vos parents parlent français? »

		non	un peu	oui	Total	
			Mère			
Père	non	24,6 (83)	9,5 (32)	9,5 (32)	**43,6**	**(147)**
	un peu	8,6 (29)	4,7 (16)	6,2 (21)	**19,5**	**(66)**
	oui	11,8 (40)	8,9 (30)	16,3 (55)	**37,0**	**(125)**
	Total	**45,0 (152)**	**23,1 (78)**	**32,0 (108)**	**100,00**	**(338)**

Le tableau 2 décrit le profil de ces répondants que nous avons inclus dans le groupe « franco-américain ». À première vue, on remarque dans ce tableau que les deux plus forts pourcentages, en dehors des totaux, représentent des situations diamétralement opposées. Dans 24,6 % des cas, ni la mère ni le père ne parlent français. À l'autre extrême, dans 16,3 % des cas, les deux parents parlent français. Ce tableau révèle également que le père est plus susceptible de transmettre la langue française que la mère. En effet, 37 % des pères parlent français comparativement à 32 % des mères. D'emblée, cela apparaît curieux, puisque c'est généralement la mère qui transmet sa langue en milieu minoritaire. À notre avis, c'est l'industrie du bois qui explique ce phénomène. Cette industrie est la raison d'être de Berlin et elle emploie bon nombre d'hommes dans la région. L'exploitation forestière engendre beaucoup de va-et-vient entre le Québec et les États de la Nouvelle-Angleterre. Sans aucun doute s'agit-il là d'un des facteurs qui contribuent à maintenir la connaissance du français chez certains Franco-Américains de Berlin. Également, il est plus facile pour un individu de conserver sa langue « minoritaire » dans le domaine de l'extraction des matières premières que dans un domaine des secteurs secondaire ou tertiaire, où l'interaction avec autrui augmente et où la connaissance de la langue de travail (le plus souvent l'anglais) s'impose.

La langue parlée : comparaison entre les générations

Trois questions portent directement sur le français langue parlée. On demande successivement au répondant si sa mère, son père et lui parlent français. Ces questions livrent des résultats fort intéressants, qui permettent des comparaisons intergénérationnelles. Il ne faut pas oublier cependant, que les réponses à ces questions sont basées sur les perceptions des répondants. Elles permettent donc de comprendre comment ces derniers se représentent la réalité.

Figure 1

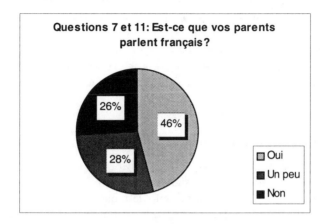

Figure 2

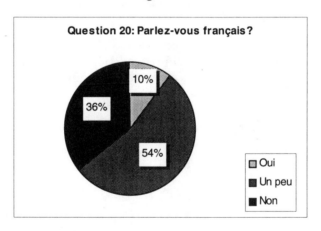

Comme l'indique la figure 1, chez les 510 adultes (les parents des adolescents faisant partie du groupe « franco-américain »), 46 % parlent français, 28 % connaissent un peu le français tandis que 26 % ne parlent pas cette langue. Chez les adolescents, par contre, les proportions ne sont pas les mêmes, puisque seulement 10 % des répondants disent parler français. Cependant, 54 % d'entre eux déclarent connaître un peu le français mais 36 % ne parlent pas cette langue. Ces chiffres témoignent hors de tout doute du recul de la connaissance et de l'utilisation de la langue française d'une génération à l'autre. Entre la génération des parents et celle des adolescents, le pourcentage de ceux qui parlent français chute de 36 %, alors que le pourcentage de ceux qui ne parlent pas français grimpe de 10 %.

À Berlin, la génération des parents est souvent perçue comme étant la dernière génération à connaître le français. Ce fait nous a été réitéré à maintes reprises lors de nos entrevues et de nos entretiens avec des chefs de file de la communauté franco-américaine. Plusieurs personnes de cette génération ont reçu une éducation dans les deux langues, jusqu'à la fermeture de la dernière école bilingue, en 1972. Depuis le début des années 1970, cependant, il ne reste plus une seule institution à Berlin en mesure d'assurer la préservation du français. La conséquence se voit dans les réponses à la question sur le français, langue parlée. Faute d'institutions pour en assurer le maintien, la langue française est maintenant plutôt transmise de bouche à oreille entre générations. Sa survie est loin d'être assurée.

L'identité des jeunes franco-américains

Nous avons demandé aux répondants d'indiquer, sur une échelle graduée allant de 1 à 5, comment ils s'identifiaient par rapport à certaines dénominations. Ils devaient nous dire s'ils s'identifiaient « jamais », « rarement », « parfois », « souvent » ou « toujours » à une dénomination donnée. Il y avait cinq dénominations en tout, soit : Franco-Américain (FA), Américain (A), Américain d'ascendance canadienne-française (Aacf), Américain d'ascendance française (Aaf) et Canadien français (CF).

Tableau 3
« Sur une échelle de 1 à 5, indiquez comment vous vous identifiez par rapport à ces dénominations »

Dénominations	(1) Jamais	(2) Rarement	(3) Parfois	(4) Souvent	(5) Toujours	Total (%)
Franco-Américain (FA)	59.4	16.4	13.5	5.3	5.3	99.9
Américain (A)	4	2.4	3.6	7.6	82.4	100
Américain d'ascendance canadienne-française (Aacf)	39.3	13.9	14.8	15.2	16.8	100
Américain d'ascendance française (Aaf)	42.9	16	21	11.8	8.4	100.1
Canadien français (CF)	55.5	10.6	13.6	11.4	8.9	100

Le tableau 3 ne suscite pas de grandes surprises. Les jeunes de Berlin d'ascendance française sont bel et bien Américains. Cependant, la majorité de ces 255 répondants possèdent une identité hybride. À titre d'exemple, 32 % des répondants affirment également s'identifier souvent ou toujours à la dénomination « Américain d'ascendance canadienne-française ». De plus, un étudiant sur cinq s'identifie souvent ou toujours aux dénominations « Américain d'ascendance française » et « Canadien français ». Cependant, la dénomination « Franco-Américain » n'est pas très populaire chez les jeunes. La « vieille » génération et les anciens chefs de file de la Franco-Américanie ont privilégié cette dénomination, mais l'attitude des adolescents révèle une rupture idéologique. La francité dans les dénominations occupe maintenant un rôle passif chez la « jeune » génération.

Figure 3

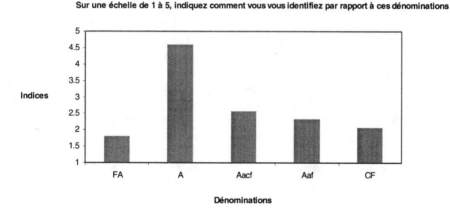

Sur une échelle de 1 à 5, indiquez comment vous vous identifiez par rapport à ces dénominations

(FA = Franco-Américain; A = Américain; Aacf = Américain d'ascendance canadienne-française; Aaf = Américain d'ascendance française; CF = Canadien français)

La figure 3 est une représentation visuelle du tableau 3. D'emblée, on remarque qu'avec un indice de 4,6, la dénomination « Américain » l'emporte, ce qui se traduit par le fait que la très grande majorité des 255 répondants s'identifient presque toujours à cette appellation. Cependant, la dénomination la moins utilisée est celle de « Franco-Américain », qui n'obtient qu'un indice de 1,8. Les répondants ne l'utilisent « jamais » ou l'utilisent « rarement ». En dernier lieu viennent les trois autres dénominations qui sont utilisées « rarement ».

Synthèse et discussion

Notre étude souligne le clivage qui persiste entre la « dernière génération de francophones » et la nouvelle génération « américaine » au sujet de la langue française et la culture franco-américaine dans la ville de Berlin, au New Hampshire.

Ceux qui font partie de la dernière génération de francophones ont fréquenté des écoles bilingues aux niveaux primaire et secondaire. Cependant, les possibilités d'éducation en français ont disparu en 1972 par suite de la fermeture de l'école secondaire Notre-Dame, ce qui a coupé le souffle à la communauté franco-américaine et marqué le début d'une nouvelle étape pour les Franco-Américains habitant Berlin. À partir de ce moment, la survivance de la langue française et de la culture franco-américaine n'a plus été assurée par des institutions.

Les résultats de notre enquête démontrent que la majorité des parents des élèves visés parlent encore français, à divers degrés, selon la perception qu'en ont leurs enfants. Mais les jeunes ne le parlent presque plus. Il y a donc un recul dans la connaissance et l'utilisation de la langue française, confirmée par le fait que les jeunes se disent Américains par opposition à leurs parents franco-américains. Bref, certains seront d'avis que la langue française et la culture franco-américaine ou canadienne-française occupent maintenant un rôle presque marginal dans leurs vies.

Cette communauté franco-américaine traverse présentement la période charnière de son histoire. Le clivage qui s'opère entre les générations nous amène à nous poser un ensemble de questions quant à l'avenir de la culture franco-américaine. Enfin, quelle forme prendra la culture franco-américaine si les adolescents parlent à peine le français et s'ils ne s'identifient plus comme Franco-Américains ? La culture franco-américaine sans la langue française, est-ce possible ?

BIBLIOGRAPHIE

ROBY, Yves, *Les Franco-Américains de la Nouvelle-Angleterre 1776-1930*, Sillery, Éditions du Septentrion, 1990.

« Témoignage de Normand Charest », dans *C'est la vie* (émission radiophonique), CBC Radio 1, Ottawa, le 5 mai 2000.

<http://venus.census.gov/cdrom/lookup> : 1990 US Census Data

<http://www.nhes.nh.us/soicc/profiles/berlin.htm> : 1999 New Hampshire Community

<http://schools.ncia.net/berlin.cityhist.htm> : The History of Berlin.

L'identité dans un milieu minoritaire

NOTES

1. <http://schools.ncia.net/berlin.cityhist.htm> : The History of Berlin, p. 2.

2. *Ibid.*, p. 3.

3. <www.nhes.state.nh.us/soicc/profiles/berlin.htm> : 1999 New Hampshire Community Profile for Berlin, p. 2.

4. *C'est la vie*, CBC Radio 1, Ottawa, le 5 mai 2000.

5. Édith Bédard et Daniel Monnier, *Conscience linguistique des jeunes Québécois*, Québec, Éditeur officiel du Québec, 1981; Irène Mailhot Bernard, *Some Social Factors Affecting the French Spoken in Lewiston, Maine*, thèse de doctorat, Pennsylvania State University, 1982; Ann Arbor (Michigan), University Microfilms International, nº 8213292; Roger Bernard, *Un avenir incertain : comportements linguistiques et conscience culturelle des jeunes Canadiens français*, Ottawa, Fédération des jeunes Canadiens français, 1991; Barney Bérubé, « L'ethnicité et la langue des Franco-Américains : inventaire de l'arrière-plan », tiré de sa thèse de doctorat (non publiée), dans *Les Franco-Américains et leurs institutions scolaires*, Worcester (Mass.), Éditions de l'Institut français, 1986; <www.albany.edu/fad/fsurvey.html>, Cynthia Fox, *Sondage sur l'usage de la langue française par les Franco-Américains*, Albany, Département de langues, littérature et cultures, Université de l'État de New York à Albany, 2000; Yvon Labbé, *Franco-American Program Planning Survey*, Orono (Maine), Université du Maine, 1996; Elisabeth G. Schilcher, « L'identité des Acadiens de la vallée du Saint-Jean », thèse de maîtrise (non publiée), Orono (Maine), Université du Maine, 1992; <www.albany.edu/fad/ques.htm> : *Franco-American Database Questionnaire*, Albany, Université de l'État de New York à Albany, 2000.

6. Cependant, puisque notre étude met l'accent sur l'identité, nous avons également jeté un coup d'œil sur les sentiments d'appartenance des parents. Sur les 83 cas qui ont été éliminés dans un premier temps, nous en trouvons 16 dont au moins un des deux parents est perçu par son enfant comme étant partiellement ou totalement franco-américain. Si nous incluons ces cas, cela gonfle le groupe « franco-américain » à 271 répondants, ce qui représente 80 % d'entre eux. Plus tard durant l'étude, nous réviserons nos données à la lumière de ce groupe élargi. Mais pour l'instant, nous définirons le groupe « franco-américain » à partir de la seule présence du français à la maison.

FRANCOPHONIES

D'AMÉRIQUE

LES JEUNES DU SUD-OUEST ONTARIEN : REPRÉSENTATIONS ET SENTIMENTS LINGUISTIQUES

Roger Lozon
Institut d'études pédagogiques de l'Ontario
Université de Toronto

Le présent article a pour but de présenter comment les jeunes francophones du Sud-Ouest de l'Ontario se représentent les variétés de langue qui sont en circulation dans leur communauté linguistique et comment ils se sentent par rapport à leur propres compétences linguistiques, et ce, dans les divers espaces sociaux qu'ils occupent, soit les espaces familial, scolaire et professionnel.

Approche théorique

Les habitudes linguistiques chez les jeunes vivant en contexte minoritaire en Ontario ont été analysées et décrites par Gérin-Lajoie (1999), Forlot et Labrie (1999), Heller (1987a, 1999), Moïse (1998), Bernard (1991) et Mougeon (1989). Gérin-Lajoie (1999, p. 34), démontre que, dans bien des cas, l'institution scolaire devient en quelque sorte le seul endroit où les élèves vivent en français. Pour sa part, Heller (1999) explique que les élèves dont la langue dominante est le français utilisent souvent l'anglais avec leurs amis, étant donné que cette langue semble avoir plus de prestige auprès des jeunes. Moïse (1998, p. 312) souligne que les jeunes Franco-Ontariens du Nord de l'Ontario ont une mauvaise image de leur langue, tandis que Mougeon (1999, p. 53) affirme que la variété vernaculaire des jeunes Franco-Ontariens est totalement absente du parler des sous-utilisateurs du français.

L'étude que nous présentons est une analyse qualitative des représentations et des sentiments linguistiques des jeunes francophones du Sud-Ouest ontarien face aux variétés de français qui sont en circulation dans leur communauté linguistique, soit le français régional et le français standard. Nous examinons également leurs représentations et sentiments linguistiques par rapport à leurs propres compétences dans ces variétés de langue.

Le cadre théorique de nos analyses repose sur les notions de marché et de capital linguistiques chez Bourdieu (1982), de pratiques sociales et de pratiques langagières chez Bautier (1995), de représentations linguistiques chez Mondada (1998) et Maurer (1998), d'insécurité linguistique chez Labov (1976) et de reproduction sociale par l'intermédiaire du discours chez Gumperz (1979). Les représentations et sentiments linguistiques des jeunes en milieu minoritaire sont intimement liés à leur capital linguistique, au marché linguistique dans leur communauté ainsi qu'à leurs propres pratiques sociales et linguistiques.

Représentations et sentiments linguistiques

Avant de poursuivre notre analyse, il importe de définir ce que nous entendons par représentations et sentiments linguistiques. Les représentations linguistiques correspondent aux descriptions, aux valeurs ou aux images associées aux variétés de langue en circulation qui sont construites et ensuite diffusées dans le discours des locuteurs. Quant aux sentiments linguistiques, ils englobent la gamme des sentiments que les gens éprouvent par rapport à leurs propres compétences linguistiques et à celles des autres locuteurs dans les variétés de langue qu'ils connaissent ou qui sont présentes dans leur communauté. Ils peuvent éprouver une multitude de sentiments qui vont de la très grande insécurité linguistique à la sécurité linguistique dans l'utilisation de ces variétés de langue. Selon Labov (1976, p. 183), l'insécurité linguistique « se traduit par une très large variation stylistique; par de profondes fluctuations au sein d'un contexte donné; par un effort conscient de correction; enfin, par des réactions fortement négatives envers la façon de parler dont ils ont hérité ». La sécurité linguistique est interprétée dans cette étude comme l'habileté à utiliser une variété de langue dans des buts variés, sans qu'il n'y ait de gêne ou d'inconfort par rapport à son utilisation. Une personne pourrait se sentir en insécurité linguistique à l'écrit et se sentir en sécurité linguistique à l'oral ou vice versa, dans une même variété de langue.

Très peu d'études sociolinguistiques ont été effectuées au sujet des représentations et des sentiments linguistiques des jeunes par rapport à leurs compétences linguistiques en français. Moïse (1998, p. 309) démontre, à partir de profils de trois jeunes de niveau secondaire vivant dans la région de Sudbury, en Ontario, que l'insécurité linguistique ne dépend pas de la variété de français adoptée et qu'elle ne joue pas sur le sentiment d'appartenance au fait français.

Méthodologie

Les données qui sont à la base de notre analyse ont été recueillies dans le cadre d'entrevues semi-dirigées auprès d'une quinzaine de jeunes qui sont actuellement aux études ou sur le marché du travail. Ces jeunes proviennent soit de foyers endogames francophones ou anglophones soit de foyers exogames (d'un parent francophone et d'un parent anglophone). Pendant les entrevues, nous leur avons posé des questions au sujet des variétés de langues qui sont en circulation dans leur communauté, de leur utilisation des variétés de langues qu'ils connaissent, et ce, en rapport avec les divers espaces sociaux qu'ils occupent, soit les espaces familial, scolaire, professionnel, social et communautaire. Quoique ces espaces sociaux ne soient pas isolés l'un de l'autre dans la vie de ces jeunes, nous avons effectué des analyses sur le discours des jeunes à propos de leur utilisation des variétés de langues qu'ils connaissent dans leur vie familiale, scolaire et professionnelle.

Nous avons effectué une première analyse exploratoire des entrevues au moment de leur transcription. Une deuxième analyse plus approfondie des données, effectuée à l'aide du logiciel NUD*IST nous a permis de repérer des thématiques communes dans le discours des jeunes que nous avons interviewés. Avant d'examiner les représentations et les sentiments linguistiques des jeunes par rapport aux variétés de français qui sont en circulation dans leur milieu, nous présentons brièvement le profil démographique et linguistique de la région dont ils proviennent.

Profil de la région

La région de Chatham-Kent est une région agricole du Sud-Oues de l'Ontario qui compte une population de 110 000 habitants. Trois pour cent de la population a le français comme langue première, tandis qu'un pour cent de la population déclare avoir le français et l'anglais comme langues premières. Nous y retrouvons quatre écoles primaires de langue française (ayant un effectif total d'à peu près 900 élèves) et une école secondaire de langue française (qui maintient un effectif d'à peu près 300 élèves). Le taux de rétention de l'effectif du niveau primaire au niveau secondaire est de 90 % et le taux de décrochage au secondaire est inférieur à 5 %[1]. La population francophone de la région est formée de descendants de familles qui sont venues s'y établir à des fins agricoles dès 1812 (Sylvestre, 1984), et de familles du Nord de l'Ontario, de l'Acadie et du Québec qui sont venues s'y installer plus récemment pour des raisons économiques[2]. Les secteurs économiques dans lesquels on retrouve le plus grand nombre d'emplois sont, par ordre d'importance, le secteur des services, celui de la fabrication et celui de l'agriculture.

Bien des jeunes de la région, qu'ils soient au niveau secondaire, collégial ou universitaire, ont la possibilité de trouver un emploi à temps partiel ou à temps plein soit dans le domaine agricole soit dans l'une des nombreuses petites et moyennes entreprises des environs, notamment dans les centres d'appels, qui ont des clients au Québec ainsi que dans les régions francophones hors Québec. Certains de ces jeunes ont l'occasion de travailler dans des secteurs économiques tels que le tourisme et l'hôtellerie, où ils ont l'occasion d'utiliser leurs connaissances du français avec les touristes francophones. Puisqu'il y a très peu d'organismes francophones dans la région, mis à part deux paroisses bilingues, l'Union culturelle des Franco-Ontariennes et un centre communautaire, peu d'étudiants ont l'occasion de travailler dans des milieux majoritairement francophones.

Les variétés de langues

Dans le Sud-Ouest ontarien, le français régional est non seulement en concurrence avec le français standard mais aussi avec les variétés vernaculaire et standard de l'anglais. Même s'il existe dans la communauté linguistique à l'étude diverses variétés de français en circulation, nombre de jeunes n'acquièrent pas nécessairement le français régional qui est parlé par les aînés de la communauté. D'autres jeunes par contre ne maîtrisent pas le français standard et ne se sentent pas assez à l'aise pour s'exprimer en public dans la variété de français qu'ils connaissent.

La plupart des jeunes du Sud-Ouest de l'Ontario reconnaissent l'existence de différentes variétés de français dans leur communauté linguistique. Ils sont très conscients que le français régional est différent du français international ou standard et qu'il est souvent source de gêne ou de honte pour eux. Peu importe la composition de leur milieu familial, les jeunes de familles exogames et de familles endogames se représentent la variété de français parlée par les gens de la région comme un mélange de français et d'anglais.

Les représentations du français parlé par les adultes de la communauté et les représentations du français parlé par les jeunes se ressemblent beaucoup, même si les jeunes sont exposés plus régulièrement que les adultes de la communauté à un français scolaire ou plus standard. Un jeune sur le marché du travail décrit le français parlé par les jeunes comme un « franglais » ou un mélange de français et d'anglais.

Roger :	le français que les jeunes parlent ici comment tu le décrirais
Neil :	un « franglais » un peu d'anglais un peu de français [...]
Roger :	comment tu expliques ça que les jeunes vont d'une langue à l'autre
Neil :	il sait pas quoi dire en français alors i' dit le mot en anglais ou une phrase

Les jeunes portent aussi un jugement négatif par rapport à la variété de français qui est parlée par la plupart des jeunes de la région. La faible qualité du français parlé par les jeunes serait étroitement liée à leurs habitudes linguistiques, comme l'explique Daniel, un jeune qui fréquente un collège anglophone dans la région.

Roger :	et les gens de ton âge quelle sorte de français qu'i' parlent?
Daniel :	pas trop bien
Roger :	ok
Daniel :	parce qu'on ne pratique pas trop / aux récréations puis toute puis partout ça c'est toujours en anglais
Roger :	[...] alors les amis de ton âge est-ce que vous parlez français?
Daniel :	pas vraiment non
Roger :	pourquoi?
Daniel :	parce que je sais pas si hm sais pas comment faire une conversation X c'est que on a trop honte on sait pas quoi dire et
Roger :	ok
Daniel :	puis comme *so* c'est comme on s'exprime meilleur en anglais

Daniel précise également que les jeunes s'expriment en anglais parce qu'ils sont plus à l'aise dans cette langue.

Le français dans l'espace familial

Comme nous l'avons mentionné plus tôt, les jeunes que nous avons interviewés proviennent de familles endogames francophones et anglophones ainsi que de familles exogames. Même si certains jeunes proviennent de familles endogames francophones et ont ainsi l'occasion d'utiliser le français dans divers espaces sociaux, ils expliquent qu'ils sont davantage portés à s'exprimer en anglais parce qu'il s'agit soit de leur langue première ou de celle dans laquelle ils se sentent le plus à l'aise.

Pour d'autres jeunes, même si la langue de communication dans l'espace familial est le français, c'est l'anglais qui prédomine lorsqu'ils se retrouvent dans leur cercle d'amis. Comme le souligne Julie dans le prochain extrait, lorsqu'elle est avec ses parents, elle s'exprime en français. Mais lorsqu'elle se retrouve avec ses amis, les conversations se déroulent surtout en anglais.

Julie :	j'parle à mes parents le plus que j'peux en français
Roger :	hm hm
Julie :	eh français / à part de ça j'ai pas trop de / mes amis quand qu'on parle entre nous autres c'est la plupart du temps c't'en anglais

La non-légitimité de la variété de français locale est aussi une thématique qui revient assez souvent dans le discours des jeunes. La plupart d'entre eux ressentent une honte ou une gêne par rapport à l'utilisation ou à la reconnaissance de cette variété de français, même si c'est la variété de français qui est parlée et connue par la plupart des francophones établis dans la région depuis longtemps.

Plusieurs jeunes fréquentent également des personnes qui ne connaissent pas le français, ce qui a un impact sur la langue parlée lorsqu'ils les invitent dans leur famille. Il leur est donc parfois difficile de tenir une conversation en français au sein de leur famille, lorsqu'il y a un anglophone en leur présence. Souvent on passe à l'anglais par respect pour la personne unilingue anglophone, tel que le décrit Julie dans le prochain extrait.

Julie :	mes parents i'essaient i'essaient de parler en anglais par respect pour nos chums parce qu'i' comprennent pas ce qu'on dit
Roger :	hm hm
Julie :	alors pour respect pour eux autres i'essaient de parler en fran
Roger :	hm hm
Julie :	en anglais j'veux dire / pis c'é ça si j'parle à mes parents moi je leur parle quand même en français si que mon chum est alentour j'explique ce que je leur ai dit.

À l'instar de Julie, plusieurs jeunes soulignent qu'il est important d'être respectueux envers les personnes unilingues anglophones et de toujours leur adresser la parole en anglais. Cependant ils se représentent le respect uniquement de façon unilatérale et non comme une valeur bidirectionnelle. Rarement mentionnent-ils que les anglophones devraient faire des efforts pour parler français lorsqu'ils sont en présence de francophones. Ce sont plutôt les francophones qui doivent passer à l'anglais, et ce, même s'ils sont en majorité. Selon certains jeunes, l'aisance à s'exprimer en français est étroitement liée aux habitudes linguistiques des jeunes dans leur espace familial.

Il est donc parfois difficile dans les familles de garder le français comme langue de communication, peu importe la variété de français utilisée. Les jeunes déprécient souvent le français parlé par leurs parents ainsi que le leur et ils sont portés à s'exprimer en anglais aussitôt qu'ils sont en présence du parent anglophone ou d'un ami (francophone ou anglophone).

Le français dans l'espace scolaire

L'espace scolaire est souvent le seul milieu où les jeunes ont l'occasion d'apprendre le français standard. Les jeunes sont conscients que les enseignants s'expriment plutôt dans un français standard et que certains étudiants s'expriment dans un « bon français » également. Ellen ajoute que quelques-unes de ses amies parlent un « bon français » et qu'elles ne sont pas gênées de le parler en classe et dans les couloirs. Elle associe donc le « bon français » à une aisance à s'exprimer en français, et ce, dans plusieurs contextes d'utilisation et espaces sociaux.

Pour les jeunes qui arrivent du Québec, il n'est pas toujours facile de trouver sa place même à l'intérieur d'une école de langue française. Mireille est québécoise d'origine. Elle a déménagé en Ontario lorsqu'elle avait 12 ans. Elle a trouvé son adaptation au milieu scolaire très difficile au début, car les jeunes parlaient surtout anglais à l'école primaire de langue française qu'elle fréquentait. Maintenant étudiante au niveau CPO (cours préparatoires de l'Ontario pour l'entrée à l'université) dans une école secondaire de langue française, elle explique que les jeunes sont portés à s'exprimer davantage dans la langue de Shakespeare, langue dans laquelle ils sont plus à l'aise. Comme l'explique Mireille, les jeunes éprouvent une insécurité linguistique en français et ils manifestent cette insécurité en s'exprimant plutôt en anglais. Les jeunes semblent aussi être gênés de s'exprimer en français, de peur que les gens portent des jugements négatifs au sujet de leur français. Ellen, par exemple, avoue qu'elle parlait surtout anglais à l'école lorsqu'elle était en neuvième année mais qu'elle a commencé à parler davantage français une fois devenue plus à l'aise dans cette langue.

Quoique certains jeunes trouvent qu'ils ne s'expriment pas souvent en français, d'autres sont convaincus qu'ils ont la langue française à cœur et qu'ils cherchent à la conserver. Larry est un jeune qui a fait ses études en français et qui travaille présentement dans un centre d'appels où il a l'occasion d'utiliser le français. Voici comment il décrit le changement qu'il observe dans les habitudes linguistiques des jeunes de son âge.

Roger :	alors l'exemple avec Neil avant i' te parlait en anglais
Larry :	avant i' m'parlait en anglais avant i' m'répondait en anglais
Roger :	y'a un changement
Larry :	y'a pas seulement lui
Roger :	et pourquoi que tu penses qui y'a un changement là
Larry :	y'a un changement parce que tout' ben qu'y se sent plus à l'aise / y'a juste j'trouve pas j'pas d'accord que la plupart du monde qui dise que la langue est morte en-dedans les gens les jeunes de l'école j'trouve / ça c'est faux

En milieu scolaire, de nombreux jeunes avouent ne pas se sentir à l'aise de s'exprimer en français entre amis, parce qu'ils trouvent qu'ils sont plus à l'aise en anglais. La variété de français (le français standard) qui est enseignée à l'école est représentée comme une variété de français qu'ils ne maîtrisent pas ou qu'ils ne pensent pas pouvoir maîtriser. Pour bon nombre d'entre eux, l'anglais est aussi la première langue et, par conséquent, la langue de communication dans l'espace familial.

Le français dans l'espace professionnel

Dans l'espace professionnel, le bilinguisme semble de plus en plus valorisé, surtout dans les secteurs des technologies de l'information et des communications ainsi que dans quelques industries locales qui ont établi des marchés à l'échelle nationale ou internationale. Plusieurs jeunes que nous avons interviewés ont l'occasion d'utiliser le français dans l'espace professionnel; toutefois, cela se produit surtout dans des postes qui relèvent du service à la clientèle. Les jeunes reconnaissent également que leur bilinguisme peut représenter un atout lorsqu'ils sont à la recherche d'un emploi. Leur bilinguisme (ou capital linguistique) peut aussi représenter un avantage économique. De plus, les jeunes précisent que le fait de fournir des services en français peut également représenter un avantage économique pour l'employeur.

Nous nous apercevons que les jeunes sont conscients qu'il y a des normes linguistiques (à l'oral) qui doivent être respectées dans certains milieux de travail. Même si leurs compétences linguistiques ne sont pas évaluées dans leurs fonctions journalières, bien des jeunes trouvent qu'ils ne maîtrisent pas le français standard et ils se sentent mal à l'aise de parler la variété de français qu'ils connaissent lorsqu'ils communiquent avec des clients qui s'expriment dans un français standard. Ils tendent à déprécier leur compétences linguistiques en français dans leur discours épilinguistique.

Daniel provient d'une famille endogame francophone. Il a fréquenté l'école secondaire de langue française mais étudie en anglais au niveau collégial. Il travaille dans un centre d'appels qui répond aux appels d'abonnés à Internet. Comme plusieurs autres jeunes étudiants au niveau secondaire et collégial, Daniel a obtenu son emploi parce que l'entreprise recherchait ardemment du personnel bilingue. Il avoue par contre qu'il ne se sent pas tout à fait à l'aise en français parce qu'il trouve qu'il ne s'exprime pas très bien dans cette langue.

Roger :	est-ce que tu pensais que t'aurais autant d'appels
Daniel :	non j'savais pas que ça serait comme ça / quand j'ai com-
	mencé là j'pouvais pas vraiment m'exprimer en français
	trop bien puis ça j'avais la misère même quand tu *you know*
	l'utilises beaucoup c'est c'est plus facile

Même s'il fait des efforts pour s'exprimer en français, ce sont parfois les clients francophones qui créent chez lui de l'insécurité linguistique. Il explique que lorsqu'il s'exprime en français, certains clients commencent à lui parler en anglais, ce qu'il perçoit comme un indicateur du jugement qu'ils portent sur ses compétences linguistiques en français. Daniel éprouve aussi de l'insécurité linguistique par rapport à la variété de français utilisée par quelques collègues de travail. Il trouve par exemple qu'un de ses collègues ne s'exprime pas très bien en français, ce qui le rend un peu mal à l'aise, car il sait que ses clients s'expriment bien en français et qu'ils ont des attentes par rapport aux services offerts dans cette langue. Il possède une conscience linguistique des normes linguistiques dans son milieu de travail, même si celles-ci ne sont pas nécessairement établies ou imposées par son employeur, qui est anglophone.

Certains jeunes qui travaillent dans le secteur industriel trouvent aussi que leurs compétences linguistiques en français sont utiles, surtout lorsqu'ils communiquent avec des clients francophones qui ne sont pas entièrement à l'aise en anglais. Brad travaille chez un fabricant de freins de camions. Il transige parfois avec des clients du Québec et il utilise le français pour favoriser une bonne communication avec ses clients, même s'il est conscient qu'il ne maîtrise pas le français standard. Tel qu'il l'explique, il communique en français avec ses clients québécois, parce qu'il sait que ses clients l'apprécient.

Nous voyons que dans leur espace professionnel, les jeunes reconnaissent la valeur du bilinguisme et le capital économique qu'il peut représenter tant pour eux-mêmes que pour leur employeur. Toutefois, nombre d'entre eux se représentent la variété de français qu'ils connaissent comme un « franglais » qui est pour eux une variété de français qui laisse à désirer et qui est parfois même insuffisante par rapport aux normes linguistiques qu'ils se fixent eux-mêmes entre francophones. D'autres, par contre, sont fiers de pouvoir répondre à leurs clients francophones en français et ils profitent de ces occasions pour pratiquer et perfectionner leur français. Cependant, lorsqu'ils se retrouvent entre eux dans leur espace professionnel, les jeunes francophones ont plutôt tendance à s'exprimer en anglais, car cette pratique langagière est ancrée solidement dans leurs habitudes linguistiques.

Conclusion

En somme, les jeunes du Sud-Ouest ontarien sont fiers d'être bilingues et ils saisissent souvent les occasions de parler français, dans leur espace professionnel notamment. Pour bon nombre d'entre eux, le bilinguisme représente un moyen d'accéder à des postes bilingues qui ne sont pas accessibles à leurs amis ou collègues anglophones. Cependant, les jeunes ont très peu d'espaces sociaux où ils peuvent s'exprimer en français et perfectionner leur français et ils ne choisissent pas nécessairement de parler cette langue même dans les espaces où cela serait possible (par exemple en famille). Dans bien des cas, la langue de communication à la maison est souvent l'anglais, et ce, même dans des foyers où les deux parents sont francophones. Dans leur espace scolaire, de nombreux jeunes se disent plus à l'aise de s'exprimer en anglais entre amis parce que c'est leur première langue et la langue dans laquelle ils ont établi leurs rapports d'amitié. Nombres d'entre eux ont aussi développé une insécurité linguistique par rapport à la variété de français qu'ils connaissent et à la variété de français qui est enseignée à l'école.

Pour bien des jeunes, la piètre qualité de leur français serait directement liée à leur milieu, qui est principalement anglophone, ainsi qu'à leurs habitudes linguistiques. Il y a même chez quelques-uns d'entre eux une certaine peur d'utiliser le français en présence d'anglophones, car ils ne veulent pas manquer de respect envers ces derniers. Ils préfèrent donc passer à l'anglais pour ne pas offenser le groupe linguistique majoritaire.

L'analyse du discours des jeunes dans le Sud-Ouest ontarien est très révélateur de leurs représentations et de leurs sentiments linguistiques. Les jeunes nous indiquent d'abord qu'ils ont très peu d'espaces où ils ont l'occasion d'utiliser et de perfectionner leur français, surtout lorsqu'ils ne poursuivent pas leurs études au-delà du niveau secondaire. Nombre d'entre eux croient qu'ils sont en train de perdre leur français parce qu'ils ne l'utilisent pas assez souvent. D'autres ne se sentent pas assez à l'aise avec la variété de français qu'ils possèdent pour l'utiliser en public. Le fait de se représenter le français régional comme un français qui est un mélange de français et d'anglais et de s'interroger parfois sur sa légitimité nuit également à l'utilisation de cette langue dans les espaces sociaux qu'occupent les jeunes, et ce, même lorsqu'ils se retrouvent parmi d'autres personnes qui connaissent le français. Même si certains jeunes constatent que le français est en perte de vitesse dans leur région, d'autres sont optimistes et voient un avenir prometteur pour la langue française. Reste à voir quelle variété de français réussira à se tailler une place dans un milieu qui se transforme et qui doit s'adapter continuellement à une économie de plus en plus ouverte sur le monde, une économie dans laquelle les échanges internationaux de biens et de services s'effectuant par le biais des technologies de l'information et de la communication sont la voie de l'avenir.

BIBLIOGRAPHIE

BAUTIER, Élizabeth (1994), « Pratiques langagières, pratiques sociales », *De la sociolinguistique à la sociologie du langage*, Paris, L'Harmattan.

BENIAK, Édouard et Raymond MOUGEON (1988), « Recherches sociolinguistiques sur la variabilité en français ontarien », dans Raymond Mougeon et Édouard Beniak (dir.), *Le français canadien parlé hors Québec : aperçu sociolinguistique*, Québec, Les Presses de l'Université Laval.

BERNARD, Roger (1991), *Un avenir incertain : comportements linguistiques et conscience culturelle des jeunes Canadiens français*, Ottawa, Fédération des jeunes Canadiens français.

BOURDIEU, Pierre (1996), *Raisons pratiques*, Paris, Seuil.

BOURDIEU, Pierre (1992), *Réponses*, Paris, Seuil.

BOUDREAU, Annette (1998), « Représentations et attitudes linguistiques des jeunes francophones de l'Acadie du Nouveau-Brunswick », thèse de doctorat, Paris, Université de Paris X.

ERFURT, Jürgen (1999), « Le changement de l'identité linguistique chez les Franco-Ontariens. Résultats d'une étude de cas », dans Normand LABRIE et Gilles FORLOT (dir.), *L'enjeu de la langue en Ontario français*, Sudbury, Prise de Parole.

FORLOT, Gilles (1999), « Portrait sociolinguistique de migrants français à Toronto », dans Normand LABRIE et Gilles FORLOT (dir.), *L'enjeu de la langue en Ontario français*, Sudbury, Prise de Parole.

GÉRIN-LAJOIE, Diane (1999), *Sondage dans deux écoles secondaires de langue française en Ontario sur les habitudes linguistiques des élèves*, Toronto, Centre de recherches en éducation franco-ontarienne, OISE, Université de Toronto.

GÉRIN-LAJOIE, Diane (1994), *L'école secondaire de Pain Court : une étude de cas*, Toronto, Centre de recherches en éducation franco-ontarienne, OISE, Université de Toronto.

GUMPERZ, John (1979), *Engager la conversation*, Paris, Les Éditions Minuit.

HELLER, Monica (1999), *Linguistic Minorities and Modernity : A Sociolinguistic Ethnography*, Londres, Longman.

HELLER, Monica (1999), « Quel(s) français et pour qui ? Discours et pratiques identitaires en milieu scolaire franco-ontarien », dans Normand LABRIE et Gilles FORLOT (dir.), *L'enjeu de la langue en Ontario français*, Sudbury, Prise de Parole.

HELLER, Monica (1988), « Variation dans l'emploi du français et de l'anglais par les élèves des écoles de langue française de Toronto », dans Raymond MOUGEON et Édouard BÉNIAK (dir.), *Le français canadien parlé hors Québec*, Québec, Les Presses de l'Université Laval, p. 153-168.

LABOV, William (1976), *Sociolinguistique*, Paris, Les Éditions de Minuit.

LABRIE, Normand et Gilles FORLOT (dir.) (1999), *L'enjeu de la langue en Ontario français*, Sudbury, Prise de parole.

LEDEGEN, Gudrun (2000), *Le bon français : les étudiants et la norme linguistique*, Paris, L'Harmattan.

MAURER, Bruno (1998), « Représentation et production du sens », *Cahiers de praxématique*, Montpellier, Publications de Praxiling, p. 19-38.

MOÏSE, Claudine (1998), « Insécurité linguistique et construction identitaire », dans Patrice Brasseur (dir.), *Français d'Amérique*, Avignon, Université d'Avignon, p. 309-323.

MONDADA, Lorenza (1998), « De l'analyse des représentations à l'analyse des activités descriptives en contexte », *Cahiers de praxématique*, Montpellier, Publications de Praxiling, p. 127-148.

MOUGEON, Raymond (1999), « Recherches sur les dimensions sociales et situationnelles de la variation du français ontarien », dans Normand LABRIE et Gilles FORLOT (dir.), *L'enjeu de la langue en Ontario français*, Sudbury, Prise de Parole.

SYLVESTRE, Paul-François (1983), *Pain Court et Grande Pointe*, Ottawa, Centre franco-ontarien de ressources pédagogiques.

NOTES

.1. Les données par rapport au taux de retention proviennent du personnel enseignant de l'école secondaire de la région.

2. Ces données proviennent des observations des locuteurs qui ont participé à la recherche.

LANGUE(S), DISCOURS ET IDENTITÉ

Annette Boudreau
Université de Moncton

Depuis les années 1960, l'Acadie a connu des transformations sur les plans politique, économique, social et culturel qui n'ont pas été sans influer sur le français de cette région. Les contacts avec les anglophones et les francophones d'ailleurs se sont multipliés, et les traces de ces échanges sont présentes à des degrés divers dans la langue parlée des Acadiens et des Acadiennes; les uns sont plus influencés par l'anglais alors que les autres ont intégré des formes du français international, tandis que d'autres encore portent les traces de ces deux influences qu'ils laissent entrevoir selon leur désir ou selon les situations de communication. Quoi qu'il en soit, la langue acadienne n'est plus la même et ce sont les jeunes surtout qui font varier leur répertoire linguistique. Or ces pratiques, qui ne sont pas toujours conformes au modèle normatif, engendrent des discours sur la ou les langues qui façonnent les représentations linguistiques, représentations qui sont à la base de la construction identitaire.

Ce texte vise donc à examiner la construction identitaire dans sa composante linguistique telle qu'elle se manifeste chez un groupe d'adolescents francophones et bilingues de la région de Moncton, au Nouveau-Brunswick, ville composée à 34 % de francophones. Par l'entremise de leur voix, nous nous interrogeons sur ce que cela veut dire d'être francophone aujourd'hui dans le contexte particulier qui est celui de l'Acadie urbaine du Nouveau-Brunswick. Si nous avons privilégié un site urbain, c'est parce que l'hétérogénéité linguistique et culturelle est une de ses caractéristiques importantes et que ce mélange des langues et des cultures agit sur les pratiques et les représentations linguistiques de ses habitants. De plus, c'est dans la ville que les fonctions véhiculaires et identitaires des langues se confrontent; la question de savoir quelle langue utiliser, avec qui, quand et surtout dans quel but est constamment présente. L'usage d'une langue minoritaire dominée – dans une ville bilingue, par exemple – peut être un signe de résistance, tandis que l'usage d'une forme de langue non conforme au standard peut être l'indice d'une identité particulière. Calvet a montré que l'utilisation de telle ou telle langue ou de telle variété de langue dans le contexte particulier des villes est loin d'être innocent, en ce sens que le choix linguistique s'investit souvent d'une signification particulière. Il dit que c'est surtout la langue des jeunes qui a tendance à « dévier » de la norme prescrite :

> *la forme de la langue est ici le lieu d'une quête d'identité*, et si la ville uni-fie linguistiquement pour des raisons d'efficacité véhiculaire, elle ne peut réduire ce besoin identitaire. Les parlers urbains sont sans cesse retravaillés par ces deux tendances, à la véhicularité et à l'identité, parce que la ville est à la fois un creuset, un lieu d'intégra-tion et une centrifugeuse qui accélère la séparation entre différents groupes[1].

Malgré le fait que Moncton ne soit pas une grande ville, on peut y con-stater les mêmes phénomènes; le français et l'anglais y remplissent des fonc-tions véhiculaires alors que, dans certaines situations, l'usage de formes de français qui s'éloignent du standard peut revêtir le caractère d'une revendica-tion identitaire.

Conditions d'enquêtes

En 1991, dans le cadre de son projet de doctorat, Marie-Ève Perrot a recueilli la parole spontanée d'une cinquantaine d'étudiants de 11ᵉ et 12ᵉ années d'une école secondaire francophone de Moncton, avec l'objectif précis d'en faire une étude strictement linguistique. Elle voulait étudier « ce que constitue la caractéristique principale du chiac[2], le métissage, et tenter d'en déterminer les aspects fondamentaux et les modalités précises[3] » dans le cadre de la linguistique de l'énonciation. Afin d'obtenir un échantillon représentatif de la population, elle a sélectionné des informateurs issus des milieux socio-culturels les plus variés possible au moyen d'un pré-questionnaire distribué à l'ensemble de la population estudiantine de ces deux années du secondaire. Tous devaient être de langue maternelle française et devaient avoir habité à Moncton toute leur vie. Les mêmes critères s'appliquaient aux parents. Comme cette école est la seule école secondaire francophone du grand Moncton et de ses environs, on peut conclure que l'échantillonnage est représentatif de la stratification sociale de cette région acadienne. Or, en analysant les données de sa recherche, Marie-Ève Perrot s'est aperçue que les témoins parlaient spontanément de leurs rapports à la langue, surtout au chiac, sans que le sujet soit abordé directement; aussi a-t-elle a conclu :

> le chiac véhicule une *identité francophone* spécifique qui me semble se définir dans un rapport à la fois de *rejet* et d'*intégration* à l'acadien traditionnel (la langue des ancêtres), au français standard (langue scolaire) et bien sûr à l'anglais (la langue dominante)[4].

En novembre 2000, elle est revenue à cette même école afin de réaliser une analyse linguistique de type diachronique de la langue des jeunes (sa franci-sation ou son anglicisation) tout en y ajoutant une autre dimension, celle des représentations linguistiques, étude à laquelle nous participons comme cochercheure et qui fait l'objet du présent texte. En 2000, les mêmes critères que ceux d'il y a dix ans ont été retenus pour le choix des informateurs. Un total de 50 jeunes réunis par groupes de deux étaient assis face à face dans la bibliothèque de l'école, avec une feuille de questions qui servait de guide à la conversation. Ils ont accepté d'être enregistrés. Les sessions étaient organisées par des étudiantes de l'Université qui avaient comme consigne de parler une langue familière, proche de la langue des jeunes. Les chercheurs ne pouvaient donc être perçus comme des représentants de la norme, ce qui aurait pu avoir une influence sur les réponses.

La construction du sens

Si nous étudions les représentations linguistiques, c'est pour tenter de comprendre les idéologies qui contribuent au maintien et à la circulation de celles-ci, pour voir quelles sont celles qui dominent, et tenter de saisir comment elles contribuent à la construction de discours qui sont à la base du processus de construction identitaire. Nous verrons que les jeunes sont confrontés à des discours sur la langue souvent contradictoires, et nous examinerons comment ils se positionnent (consciemment ou inconsciemment) à l'égard de ces discours qui circulent dans le marché linguistique scolaire. Nous tenterons d'illustrer la citation suivante de Barbéris qui affirme :

> Les espaces de communication sont des marchés où le réglage du sens se produit sous contrôle social, et où se définit la valeur des « produits » mis en circulation; les discours sont plus ou moins recevables, à l'égard du jugement social. Cet espace est donc dominé par une norme : norme de la langue légitime, et norme des représentations légitimes. Mais, à côté de cette *légalité*, se développent, en sublégalité, les marges, « immenses » où la créativité du sens est à l'œuvre[5].

L'auteure ajoute : « c'est dans cette sublégalité que vont se situer les niches-refuges des représentations[6] ». C'est donc aux marges des discours officiels, dans les sublégalités, que la parole des jeunes, souvent dissidente, prend sens et contribue à la construction d'un contre-discours en réaction aux discours dominants. Nous examinerons comment ces différents discours contribuent à façonner le sentiment identitaire des jeunes francophones urbains du Sud-Est du Nouveau-Brunswick.

Les discours dominants et les contre-discours

Nous examinerons d'abord les deux discours liés à la langue les plus répandus dans le milieu acadien et tenus par des fabricants d'opinions (enseignants, journalistes) : le discours sur le bilinguisme et celui sur la langue française. Dans un deuxième temps, nous aborderons ces mêmes discours en analysant cette fois les paroles des jeunes.

Le bilinguisme

Les francophones tiennent un discours ambivalent sur le bilinguisme. D'un côté, ils font la promotion de l'anglais comme culture, comme savoir, comme atout pour le monde du travail, etc., mais de l'autre, ils craignent que sa forte consommation entraîne l'assimilation. Cela peut se comprendre en milieu minoritaire, mais parfois le rapport à l'anglais peut paraître problématique et malsain, comme nous le verrons plus loin.

Du côté des anglophones, les choses ne sont pas plus claires. Leurs porte-parole sont prêts à promouvoir le bilinguisme dans le discours, mais, dans la réalité des pratiques, l'objectif est difficilement atteint. Seuls les services gouvernementaux garantissent aux francophones des services dans leur langue. Les jeunes sont confrontés dans leur quotidien à un bilinguisme symbolique dans les services publics non gouvernementaux et dans le secteur privé; ainsi constatent-ils que c'est bien la langue anglaise qui domine et qu'il leur est quasi impossible de vivre leur francité dans toutes les sphères de la vie publique, ce qui accentue les sentiments contradictoires à l'égard de cette langue.

La langue française

L'ambivalence est également présente en ce qui concerne les discours tenus sur la langue française. Les dirigeants scolaires et les enseignants disent accepter les variétés linguistiques régionales (énoncé de principe dans les manuels scolaires), mais, dans l'enseignement de la littérature, par exemple, ils accordent une très petite place aux textes acadiens et à peu près aucune place aux textes acadiens qui portent les traces de l'anglais. Dans sa thèse de maîtrise, une étudiante du Département d'études françaises de l'Université de Moncton a montré que dans certains manuels de textes littéraires conçus au Nouveau-Brunswick pour les étudiants du secondaire, un texte acadien écrit en langue populaire était accompagné d'un lexique, alors qu'une nouvelle de Guy de Maupassant, *Aux champs*, écrite également en langue populaire, n'était accompagnée d'aucun glossaire[7]. On aurait pourtant pu supposer le contraire. Le message implicite qui se dégage de ce choix est que le français populaire d'Acadie ne peut être compris et donc qu'il est en quelque sorte illégitime ou à tout le moins inapte à répondre aux besoins élargis de communication, alors que le français populaire hexagonal n'entraîne aucun bris de compréhension et donc qu'il est légitime. Ce qui pose problème ici, c'est la valeur attribuée aux différentes variétés linguistiques, valeurs qui sont transmises dans l'idéologie que l'on pourrait appeler, à la suite de Milroy et Milroy[8], l'idéologie du standard, idéologie qui peut, dans certains cas, exclure volontairement ou involontairement des élèves dont la langue socio-maternelle s'éloigne à des degrés divers de la norme dite légitime. Déjà en 1975, Bourdieu et Boltanski affirmaient :

l'utilisation de cet artefact qu'est la notion de langue « commune » joue un rôle idéologique bien précis : il sert à masquer sous l'apparence euphorisante d'une harmonie imaginaire l'existence de tensions, d'affrontements et d'oppositions bien réels; nier l'existence de ces tensions, et se bercer de l'illusion du « communisme linguistique », c'est en fait tenter de conjurer, par le biais du langage, les clivages sociaux[9].

Pour revenir à la problématique de départ, nous examinerons comment les jeunes se positionnent par rapport à ces différents discours; nous verrons s'ils s'y conforment ou s'ils s'y opposent et de quelles façons.

Les jeunes et ces discours

Le questionnaire distribué aux adolescents portait essentiellement sur leur vie sociale : loisirs, amis, famille. Seul le contenu de la dernière question a été retenu pour analyse dans ce texte. C'était d'ailleurs la seule qui portait sur la langue. Elle était formulée comme suit : « Es-tu optimiste ou pessimiste pour l'avenir du français au Nouveau-Brunswick ? ». J'ai regroupé les commentaires des jeunes pour en extraire les deux thèmes principaux qui revenaient de façon récurrente dans le corpus et qui se sont avérés fortement liés aux deux discours que je viens de décrire.

La question du bilinguisme

Ce qui ressort spontanément des entretiens, c'est la conscience de l'inégalité de traitement sur le plan linguistique que reçoivent francophones et anglophones dans les espaces publics; « difficulté de se faire servir, impression d'avoir à quémander des droits », avec comme toile de fond dans la conversation la question de savoir jusqu'où aller dans l'accommodement sans se faire assimiler et jusqu'où aller dans la résistance sans être impoli à l'égard de l'autre. Voici deux extraits qui illustrent cette tension :

Extrait 1

> Comme par exemple à midi on a été dîner / juste à un restaurant proche d'icitte / on a commencé à parler français /pis la femme était comme / « *sorry* y a personne icitte qui parle français » / / *well* comme/quoi-ce que tu fais comme [...] ça m'a juste enragé comme j'ai dit ma commande comme en anglais juste pour avoir ça je voulais / *but* j'aurais juste comme décollé pis *never mind* [...] comme moi ça m'enrage que nous autres faut qu'on se torde la langue pour zeux *but* zeux se tordent pas la langue pour nous autres.

Dans ce commentaire précis, on constate que l'accommodement est forcé et non librement admis, en raison du rapport de force indéniable qui s'exprime entre les deux groupes linguistiques présents. Pour qu'il s'établisse des contacts sereins entre les deux groupes, il faut qu'il y ait égalité de services linguistiques, ce qui n'est visiblement pas le cas ici.

Extrait 2

> L1 ben t'es pas vraiment encouragé à parler français non plus / tu vas au mall / si tu veux t'adresser à quelqu'un tu penses automatiquement « ah je vas parler anglais [...] pis ils allont te comprendre *either way* »
>
> L2 ouais
>
> L1 *but* si tu parles français pis la plupart des Anglais parlent pas français là / tu sais ils vont pas te comprendre *so* [...]
>
> L2 on est officiellement bilingue pis à Dieppe il y a plus de Français que d'Anglais ben même à ça comme tu dis à Place Champlain / c'est à Dieppe / je peux arriver pis demander / « avez-vous c'te chandail icitte dans *large* » [rires] ou « avez-vous ça dans *small* » / pis c'est quand même « *oh I don't understand french* » / ben *small* as-tu *small* comme tu sais il y a vraiment du monde qui sont ignorants à ce point-là

Dans ce passage, l'indignation ressentie devant la situation linguistique inégalitaire se manifeste dans le discours par l'ironie, forme de résistance qui montre ici que ces informateurs, loin de se soumettre, considèrent que leur bilinguisme leur confère un certain pouvoir.

Dans le domaine scolaire et privé, les jeunes ne savent pas non plus comment concilier la contradiction qui émane du fait que l'anglais fait partie intégrante de leur identité, ne serait-ce qu'à travers la musique et les médias, et qu'en même temps, la langue est interdite à l'extérieur de la classe d'anglais, contradiction qui s'incarne dans la politique linguistique de l'école : interdiction de parler anglais, interdiction de faire jouer de la musique en anglais et même parfois difficulté à légitimer des activités pédagogiques ordinaires. Par exemple, au printemps 2000, les professeurs et les étudiants du département d'anglais d'une école secondaire francophone du Sud-Est du Nouveau-Brunswick ont monté une pièce de Shakespeare. Or ils n'ont jamais pu annoncer la production par les voies habituelles, les dirigeants de la polyvalente craignant que l'école projette l'image d'une école anglaise. Pourtant toute l'équipe préposée au spectacle fonctionnait en français. On peut supposer qu'il en aurait été autrement pour une pièce jouée en espagnol ou en allemand. Les jeunes comprennent difficilement ce rapport ambigu à l'anglais; ils vivent presque dans un état de schizophrénie langagière, qui déteint sur les représentations qu'ils se font du français et de l'anglais, le plus souvent ambivalentes et contradictoires[10], ce qui est le propre des locuteurs vivant en milieu diglossique conflictuel[11].

L'extrait suivant illustre la tension liée à ce rapport problématique à l'anglais :

Extrait 3

> L2 On est dans une école française / on peut pas écouter de musique anglaise *but* on est forcé de prendre un cours d'anglais / anglais neuf / anglais dix / on est forcé de le prendre *but* on peut pas écouter de musique anglaise dans l'école dans les *bus* [...] ils nous *expectont* de *watcher everything* en français / écouter *everything* en français / tout faire en français
>
> L1 ouais ils devraient nous
>
> L2 ils nous forçont de parler français à l'école o.k.
>
> L2 ils devraient nous laisser comme quand même faire de quoi d'anglais comme / on va quand même continuer à parler français [...] comme moi je parle tout le temps français chez nous ça va pas changer juste à cause que j'écoute / ben *anyway* je vas pas écouter la musique française parce que j'aime pas ça

L'inadéquation entre le discours scolaire et la réalité sociolinguistique d'Acadiens forgés par la culture mixte, anglaise et française, est difficile à vivre pour ces adolescents qui s'insurgent consciemment ou inconsciemment contre le discours dominant en refusant d'adhérer à la langue prescrite en matière musicale.

Le rapport au français

La grande majorité des informateurs disent trouver le français important – pour assurer l'avenir de la langue, pour l'éducation de leurs enfants, pour la fierté liée aux événements de l'histoire –, en fait, pour continuer le travail des pionniers. Mais dans la conversation, la discussion s'oriente souvent vers *leur* français qu'ils comparent inévitablement avec *la* langue qu'on l'appelle « légitime » ou « standard », discussion qui se rattache directement aux discours décrits plus tôt. Dans l'exemple suivant, l'informatrice discute des qualités supposément intrinsèques du français – langue poétique, lexique varié, langue difficile –, mais on remarquera le glissement énonciatif qui s'opère dans le texte :

Extrait 4

> je pense que le français c'est une langue très dure à apprendre / donc il faut essayer de la conserver le plus possible / parce que je trouve qu'elle est plus poétique pis c'est vraiment comme le vocabulaire / les différents mots / comme c'est / je sais pas / on dirait qu'ils ont plus un lexique varié / plus fleuri / pis c'est meilleur en poésie / comme c'est plus descriptif / avec les adjectifs qu'on a pis ça /

Dans cet énoncé, le « je », dans « je pense que c'est une langue », « je trouve qu'elle est plus poétique », s'oppose au « ils », dans « ils ont plus un lexique varié », où l'énonciatrice se positionne à l'extérieur de ce français décrit comme étant *le* français. Cette mise à distance du sujet par rapport au « français mythique » revient dans les autres entretiens et s'exprime de façon très variable selon les témoins. Elle témoigne de la difficulté à concilier les différentes formes de français sans nier la fonction symbolique identitaire rattachée à l'usage du vernaculaire. Dans l'extrait précédent, bien que l'informatrice établisse une certaine frontière entre eux (les parlants de la langue légitime) et nous (les autres), elle semble adhérer librement au discours normatif sur le français tout en s'excluant de cet univers linguistique visiblement prisé, en faisant montre de l'insécurité linguistique si courante dans le Sud-Est du Nouveau-Brunswick[12]. En revanche, d'autres extraits expriment le contraire : les témoins refusent d'adopter le discours dominant, comme c'est le cas dans les deux exemples suivants :

Extrait 5

> L2 Vraiment *as long* qu'on peut garder notre langue comme / qu'on ait le droit de parler français *anywhere* au Nouveau-Brunswick / *as long* que ça reste bilingue chus satisfait / pas besoin d'être Français de France ou Québécois ou *whatever* comme

> L1 ouais

> L2 *as long* moi la *way* qu'on parle *right now* là c'est comme français pis anglais mêlé pis c'est juste *fine* pour moi

Extrait 6

> L1 moi j'ai tout le temps été né comme chiac

> L2 yap chiac

> L1 le chiac c'est mon langage et [ici il reprend les discours entendus sur sa langue] il dit ils disont [le *ils* renvoyant *aux autres*] « vous disez une poumme » / ok / on dit pas une poumme / tout le monde qui parle là dit des pommes c'est pas poummes moi j'ai tout le temps dit pomme / je sais pas où-ce qu'i avont sortis avec le langage-là / le monde parle juste comme « j'ai mangé une pomme hier » ou / « j'ai mangé une pomme » [puis plus loin il continue en répétant que les gens leur disent qu'ils parlent *weird*]

> L1 ils se moquont assez de nous autres tu les écoutes parler c'est comme « j'ai *crossé* la *road* pour aller chercher cecitte au *store* »

> L2 well on dit *store but you know*

> L1 moi j'ai tout le temps dit *store*

> L2 yeah

> L1 ça c'est ce que j'ai tout le temps dit « je va au *store* » comme je suis
> à deux minutes de marche d'un « magasin » chez-nous là / comme
> on va aller « *hanger out* au *store* »
>
> L2 quel magasin
>
> L1 le « magasin » général

Cet extrait montre bien que l'identité se construit à même les discours qui circulent. Dans ce cas précis, les informateurs ont intériorisé le discours dominant sur la langue du milieu, discours qui plus souvent qu'autrement entretient les préjugés les plus tenaces sur les Acadiens et leur langue.

Dubois, qui, dans le cadre de sa thèse de doctorat[13], a dépouillé un corpus de textes écrits du Nouveau-Brunswick[14] portant sur la langue, a constaté que la plupart des opinions exprimées avaient une propension nette vers le dénigrement du vernaculaire, surtout si celui-ci s'approchait du « parler bilingue[15] ». Or ces textes écrits par des façonneurs de l'opinion publique ont contribué à construire le discours dominant sur la langue nourri par l'« idéologie du standard », discours qui exclut une grande majorité d'Acadiens et d'Acadiennes dont l'acadien ou le chiac constitue la langue socio-maternelle. Dans notre enquête, nous constatons que les jeunes reprennent ces mêmes discours à leur compte. Qui plus est, le discours rapporté à propos du mélange des langues dans l'énoncé ne correspond pas à la réalité de la pratique conversationnelle de l'entretien. Cette situation est très courante; en effet, il y a presque toujours hiatus entre le discours et la pratique, mais, la plupart du temps, les locuteurs disent parler une langue qui se rapproche de la norme attendue[16]. Ici, c'est l'inverse; le discours public sur le chiac est tellement fort que les locuteurs se pensent plus chiacs qu'ils ne le sont en réalité. Par exemple, dans le discours rapporté, ils disent employer *store* à la place de magasin. Dans la réalité de la conversation, c'est magasin qui est utilisé de façon spontanée et inconsciente. On constate donc qu'un discours linguistique entretenu et répété s'inscrit d'emblée dans les représentations que se font les gens de leur pratiques langagières, peu importe que ces pratiques soient ou non conformes à la réalité.

Le dernier exemple illustre une forme de contre-légitimité linguistique. Les jeunes se savent hors norme, mais ils revendiquent le droit de vivre leur francité précisément dans cette illégitimité; ils estiment être des francophones, mais des francophones qui parlent le chiac et qui se revendiquent comme tels :

Extrait 7

> L1 même si que les français choisissent de pas bien parler le français
> / comme que la plupart fait / je crois qu'il va tout le temps avoir du
> français au Nouveau-Brunswick
>
> L2 je crois que le français va tout le temps être là / même si le
> monde parle chiac comme moi

L1 c'est notre chiac / c'est notre langue

L2 on l'appelle le français je suis content d'être chiac

L1 parce que / ben vraiment on est français / pis / on est original / avec la *way* qu'on parle

Conclusion

On constate donc que l'identité linguistique est tributaire des discours qui circulent au sujet des langues et que, dans un milieu bilingue comme celui du Sud-Est du Nouveau-Brunswick où le français est minoritaire et où coexistent différentes variétés de cette même langue, les locuteurs ont à composer avec les idéologies linguistiques contradictoires qui émanent des discours. Les francophones ont donc à se positionner à leur égard, ne serait-ce qu'inconsciemment, et ils le font à travers leur propre discours. Dans le cas des jeunes, on a constaté que deux attitudes émergeaient de leur discours : la résistance et l'accommodement. Ces attitudes sont les mêmes à l'égard de l'idéologie de certains anglophones qui refusent de donner aux francophones la place qui leur revient et à l'égard de l'« idéologie du standard » des francophones qui conçoivent le français standard comme la seule forme langagière à laquelle on peut accorder une légitimité. Les deux attitudes ne sont pas figées; elles s'étendent sur un continuum où oscillent les deux attitudes, selon la situation de communication, l'humeur des informateurs, l'attitude de l'interlocuteur, etc.

Certains pourraient croire que les jeunes dont on vient de lire des extraits de conversation sont en voie d'assimilation, étant donné les nombreuses traces visibles de l'anglais dans leur langue. Mais rien n'est moins certain. D'abord, rappelons que la langue des jeunes constitue un habitus transitoire[17], que ces interlocuteurs sont, dans ce contexte particulier, entre eux, entre « égaux linguistiques », et donc, qu'ils parlent une langue spontanée; ensuite, n'oublions pas qu'à l'adolescence, la pression exercée par les pairs pour qu'ils parlent la langue du groupe est aussi contraignante que la pression exercée par les autorités en matière de langue[18]. De plus, dans les situations de communication, le meneur du jeu propose un style, un ton, des formes langagières qui sont par la suite repris par le second et qui orientent la discussion. En outre, nous sommes en train de retracer les témoins de l'enquête de 1991 et nous avons réalisé des entretiens avec cinq d'entre eux. (Nous espérons en faire 15, soit environ le tiers des entretiens de départ.) Trois témoins parlent un français standardisé (l'une est enseignante, l'autre infirmière et la troisième orthophoniste); les deux autres – des hommes – parlent à la fois le chiac et un français standardisé (l'un étudie à l'Université de Moncton et l'autre travaille dans un centre d'appels). Ces témoins sont bel et bien demeurés francophones et ils ont aujourd'hui un répertoire de français varié, malgré le fait que ces informateurs en particulier parlaient le chiac le plus anglicisé de l'école il y a dix ans[19].

Les langues et les variétés du français sont donc constitutives de l'identité linguistique de nos témoins et, comme l'affirme Raoul Boudreau :

> l'Acadien du Sud-Est en particulier est conscient d'être un franco-phone d'Amérique qui parle français, anglais, chiac et acadien et il entend bien ne renoncer à aucune de ces prérogatives, ne masquer aucun de ces traits qui globalement le distinguent[20].

Pour que les francophones se développent au Canada et ailleurs, il faut pouvoir admettre les différentes formes que parlent les gens afin qu'ils reconnaissent leur voix dans le concert des voix multiples de la francophonie, ce que rappelle très pertinemment Didier de Robillard :

> Les formes du français sont très variées, dès lors que l'on accepte de quitter le champ des formes de français « régional » (formes de français assez proches du français standard, et en s'en écartant par quelques traits phonologiques et/ou morphologiques et/ou lexicaux, etc.). Si on s'aventure dans le domaine des « français populaires », ceux qui servent de véhiculaires dans nombre de grandes villes africaines, […], on prend la mesure d'une difficulté immense. Exclure ces formes de français de la catégorie « français » aurait l'avantage de préserver l'unité d'une langue autour de son modèle fictif, le « français standard », et sa conformité à l'image que les francophones « traditionnels » s'en font, mais l'évident inconvénient, à long terme, d'exclure du même coup de nombreux locuteurs qui considèrent qu'ils parlent une forme de français[21].

On comprendra qu'il ne s'agit pas de remplacer l'« idéologie du standard » par l'« idéologie du dialecte[22] », les deux conduisant à une forme d'exclusion et parfois à une ghettoïsation, mais d'arriver à un juste équilibre entre l'acceptation des différentes variétés de langue et le français standard pour permettre à tous et chacun d'élargir leur répertoire linguistique et ainsi, de participer de plain-pied à la francophonie, qu'elle soit locale, nationale ou internationale.

NOTES

1. Louis-Jean Calvet, *Les voix de la ville. Introduction à la sociolinguistique urbaine*, Paris, Payot, 1994, p. 13.

2. Le chiac est l'appellation communément donnée au français acadien en contact intensif avec l'anglais; il constitue la langue socio-maternelle d'une majorité d'Acadiens du sud-est du Nouveau-Brunswick.

3. Marie-Ève Perrot, « Aspects

fondamentaux du métissage français/anglais dans le chiac de Moncton (Nouveau-Brunswick) », thèse de doctorat, Sorbonne, 1995, p. 6.

4. Marie-Ève Perrot, « Quelques aspects du métissage dans le vernaculaire *chiac* de Moncton », dans Louis-Jean Calvet (dir.), *Plurilinguismes. Les emprunts*, Paris, CERPL (Centre d'études et de recherches en planification linguistique), 1995, p. 148.

5. Jeanne-Marie Barbéris, « Analyser les discours. Le cas de l'interview sociolinguistique », dans Louis-Jean Calvet et Pierre Dumont (dir.), *L'enquête sociolinguistique*, Paris et Montréal, L'Harmattan, 1999, p. 135.

6. *Ibid.* p. 135.

7. Carole Boucher, « Conception et didactique de la littérature dans le programme et les manuels scolaires du secondaire 2ᵉ cycle du Nouveau-Brunswick », thèse de maîtrise, Université de Moncton, 2000.

8. Leslie Milroy et James Milroy, *Authority in Language*, London, Routledge, 1985.

9. Pierre Bourdieu et Luc Boltanski, cités dans Catherine Kerbrat-Orecchioni, *L'énonciation. De la subjectivité dans le langage*, Paris, Armand Colin, 1999, 4ᵉ édition, p. 17.

10. Annette Boudreau, « Représentations et attitudes linguistiques des jeunes de l'Acadie du Nouveau-Brunswick », thèse de doctorat, Paris X Nanterre, 1998.

11. La diglossie classique définit les situations linguistiques qui se caractérisent par une répartition fonctionnelle et complémentaire des langues en présence; par exemple, les locuteurs d'un territoire donné utiliseront la langue ou la variété de langue la plus prestigieuse appelée la langue H (haute) dans des situations formelles de communication tandis qu'ils utiliseront la langue la moins prestigieuse, appelée la langue B (basse) dans les situations informelles de communication (voir Charles Fergusson, « Diglossia », *Word*, vol. 15, 1959, p. 325-340). Les sociolinguistes catalans et occitans ont remis en question le caractère neutre et statique du concept pour lui prêter un caractère dynamique et conflictuel. Ainsi dans les milieux diglossiques conflictuels, la répartition des langues n'est pas nécessairement complémentaire et les langues en contact sont le lieu de conflits. Pour un résumé de la question, voir Henri Boyer, *Langues en conflit : études sociolinguistiques*, Paris, L'Harmattan, 1991.

12. Voir Annette Boudreau, *op. cit.* Voir également Annette Boudreau et Lise Dubois, « J'parle pas comme les Français de France, ben c'est du français pareil; j'ai ma *own* p'tite langue », dans Michel Francard *et al.* (dir.), *L'insécurité linguistique dans les communautés francophones périphériques : actes du colloque de Louvain-La-Neuve, 10-12 novembre 1993*, Leuven, Peeters « Cahiers de l'Institut de linguistique de Louvain, 2 », 1994, p. 147-168. Des mêmes auteurs, voir « Langues minoritaires et espaces publics : le cas de l'Acadie du Nouveau-Brunswick », *Estudios de sociolingüística*, Universidade de Vigo, vol. 2, nº 1, 2001 , p. 37-60.

13. Lise Dubois, « La traduction officielle au Nouveau-Brunswick : son rôle et sa place », thèse de doctorat, Université Laval, 1999.

14. Ces corpus de textes comptaient des éditoriaux et des lettres de l'opinion du lecteur de deux quotidiens acadiens, *L'Évangéline* et *Le Matin* parus entre 1968 et 1988.

15. Terme tiré de *Être bilingue* de George Lüdi et Bernard Py, Berne, Lang, 1986.

16. William Labov, *Sociolinguistic Patterns*, Philadelphie, University of Pennsylvania Press, 1972.

17. Bourdieu définit l'habitus linguistique comme « des dispositions, socialement façonnées, qui impliquent une certaine propension à parler et à dire des choses déterminées (intérêt expressif) et une certaine capacité de parler [...] une capacité sociale permettant d'utiliser adéquatement cette compétence dans une situation déterminée » (Pierre Bourdieu, *Ce que parler veut dire*, Paris, Fayard, 1982).

18. James Milroy, *Linguistic Variation and Change*, Oxford et Cambridge (Massachussets), B. Blackwell, 1992.

19. En effet, lors de son enquête en 1991, Marie-Ève Perrot n'avait retenu que les entretiens les plus anglicisés du continuum étant donné qu'elle avait comme objectif d'étudier les formes syntaxiques d'un mélange de codes. On peut donc supposer que les étudiants les plus francisés du continuum sont également demeurés francophones.

20. Raoul Boudreau, « Le rapport à la langue comme marqueur et producteur d'identités en littérature acadienne », dans André Fortin (dir.), *Produire la culture, produire l'identité*, Les Presses de l'Université Laval, 2000, p. 170.

21. Didier de Robillard, « F comme la guerre des francophones n'aura pas lieu », dans Bernard Cerquiglini *et al.* (dir.), *Tu parles!? Le français dans tous ses états*, Paris, Flammarion, 2000, p. 87-88.

22. Le terme « idéologie du dialecte » vient d'apparaître sous la plume de Richard J. Watts dans l'article intitulé « The ideology of dialect in Switzerland », publié dans Jan Blommaert (dir.), *Language Ideological Debates*, New York, Mouton de Gruyter, 1999, p. 67-103. Cet article montre bien que l'« idéologie du dialecte » peut être aussi contraignante que l'« idéologie du standard ».

ALTERNANCE LINGUISTIQUE ET POSTMODERNITÉ : LE CAS DES JEUNES FRANCOPHONES EN CONTEXTE MINORITAIRE

Simon Laflamme
Université Laurentienne

La situation des minorités francophones au Canada est plus complexe que ne le laissent entendre la logique assimilationniste ou l'approche centrée sur la démographie : c'est ce que nous voulons démontrer ici. Nous mettrons d'abord en lumière les faiblesses de ces formes de théorisation en prenant comme exemples les travaux de Roger Bernard. Nous soulignerons ensuite à quel point il importe de se donner accès à des modélisations dialectiques aptes à manipuler plusieurs variables et nous rappellerons certaines observations qui ont été rendues possibles par le recours à ces modélisations. Enfin, nous avancerons l'hypothèse que le cas des minorités francophones au Canada devrait être compris en fonction d'une double tendance de la société postmoderne : celle qui donne lieu à l'homogénéisation des populations et celle qui fait apparaître des mouvements de différenciation. Au fil de l'exposé, nous tenterons de voir comment ces considérations affectent la situation des jeunes.

Le paradigme de l'assimilation

Les minorités francophones au Canada constituent un objet d'études important. Dans leur ouvrage qui portait presque exclusivement sur la période de 1980 à 1990, Cardinal, Lapointe et Thériault recensaient déjà environ 700 titres[1]. La plupart des écrits sur la francophonie canadienne sont des affirmations de principes sur l'identité, la fierté, les obligations des gouvernements, les droits des collectivités, la quête d'autonomie et, en ce sens, ils témoignent de l'animation et de la vigueur des communautés. Mais, outre ces réflexions et ces plaidoyers d'ordre politique ou moral, on trouve aussi des analyses, fondées sur des données. Or, si l'on devait résumer à grands traits l'ensemble de ces analyses, qu'est-ce qui s'en dégagerait ? Sans égard pour les particularités de bon nombre d'entre elles, très souvent profondes, riches de détails, on y verrait essentiellement des variations sur le thème de l'assimilation. Le terme variation, ici, est aussi important que celui d'assimilation. Il souligne le fait que les études de la dynamique inégalitaire entre francophones et anglophones prennent différentes formes et portent sur différents objets. Mais il reste que la musique de fond est celle de l'assimilation.

Au plan démographique, la plupart des recherches, s'accordant en cela à de puissants ténors, font état de tendance à la diminution. Au plan linguistique, les spécialistes les plus optimistes chantent la différenciation. Et les jeunes ? Ils surgissent dans ces cadres analytiques, comme nombre de plus en plus petit, comme manifestation d'un glissement pluriforme vers l'anglais, comme le lieu le plus aigu du mouvement anglicisant.

Le chantre de l'assimilation de la francophonie hors Québec est très certainement Roger Bernard, bien qu'il se soit souvent laissé inspirer par des voix bien comparables à la sienne – celle de Charles Castonguay en particulier. Le concert est inlassablement monté de la même manière. Une variable revient toujours : celle du type de ménage, dont les éléments sont l'exogamie et l'endogamie, l'assimilation ayant souvent pour point de départ l'exogamie. Un principe revient toujours également : celui de la détermination en extériorité. L'évocation de ce principe fonctionnaliste permet à Bernard d'affirmer que le devenir social n'est pas l'affaire de la volonté des acteurs et elle fait en sorte que la presque totalité de ses analyses repose sur des données de recensement, l'extériorité, chez lui, étant souvent confondue avec le rapport numérique entre anglophones et francophones, c'est-à-dire avec une dimension démographique. Enfin, c'est une attitude qui revient toujours : on en retrouve l'expression dans plusieurs titres où l'on voit le sociologue se métamorphoser en prophète de malheur : *Le choc des nombres*[2], *Un avenir incertain*[3], *Le déclin d'une culture*[4], *Le Canada français : entre mythe et utopie*[5].

Il n'y a rien dans tout cela qui se veuille en soi répréhensible. L'attitude désespérée n'affecte pas les données que manipule Bernard, bien qu'elle donne une couleur à l'interprétation qu'il en fait. On pourrait même voir dans le pessimisme affiché une intention de fouetter le francophone pour qu'il réagisse contre la tendance à l'assimilation; mais il ne faudrait pas craindre alors les contradictions, car on sait que le fonctionnalisme interdit à Bernard de concevoir le développement à partir de la volonté des acteurs. Il est vrai toutefois que, si fonctionnaliste qu'il ait été, Bernard lui-même ne s'est pas soustrait au militantisme, comme en témoignent ses récriminations contre le CRTC (Conseil de la radiodiffusion et des télécommunications canadiennes) ou son affidavit *À la défense de Montfort*[6]. Le problème du fonctionnalisme, ce n'est pas ce qu'il découvre, c'est ce qu'il occulte : au plan analytique, l'approche empêche en effet d'étudier les acteurs en tant que producteurs de la société qui les produit. Et ce problème est d'autant plus grave que les variables manipulées sont peu nombreuses. À ne pas s'inscrire dans une approche dialectique, où l'action sociale est aussi déterminante du social que le social est déterminant de l'action, et à trop insister sur l'exogamie, Bernard a laissé échapper une grande partie de la complexité de la situation des francophonies hors Québec. Certes, la démographie est déterminante, certes la démographie oblige à constater une tendance assimilatrice – dont on peut trouver maintes manifestations dans les comportements des jeunes, ainsi que le fait Bernard lui-même dans *Un avenir incertain* –, certes l'exogamie ne favorise pas le développement de la francophonie. Mais à trop chanter ces refrains, on finit par croire qu'ils sont la totalité des harmonies. Je pense souvent au cynisme de mon collègue Gaëtan Gervais qui, Franco-Ontarien qu'il est, feint de s'étonner encore d'exister après avoir constamment entendu l'annonce de la disparition de son peuple. En fait, trop de choses échappent au démographisme des Roger Bernard pour qu'on puisse comprendre, par exemple, que les Franco-Ontariens disparaissent sans disparaître, que l'exogamie est déterminante sans l'être. Il lui manque tout ce qui fait que les sociétés s'autoproduisent par la dialectique des structures et des actions, tout ce qui fait que cette dynamique ne peut se réduire à l'état matrimonial des parents, tout ce qui fait que, dans la postmodernité, le français participe de la concurrence des cultures des médias de masse. On trouve parfois, chez lui, des allusions à ces notions, mais celles-ci cautionnent beaucoup plus son militantisme – comme on le voit dans l'épilogue de *De Québécois à Ontarois*[7] – qu'elles ne guident les analyses.

Bien sûr, le paradigme de l'assimilation est essentiel à l'examen des francophonies hors Québec; mais cet examen ne peut se résumer à un simple repérage des tendances démographiques.

Pour une analyse complexe

Le modèle des Roger Bernard est simple : plus la proportion de francophones est faible, plus il y a d'unions exogames et plus il y a assimilation. On a affaire, dit-il, à une « tendance lourde ». On notera que son explication se fait synchronique et diachronique à la fois, c'est-à-dire qu'il étire son fonctionnalisme en analyse historique, de sorte qu'il n'est plus tout à fait en mesure de comprendre l'interaction entre les éléments constitutifs du social. Certes diachronie et synchronie peuvent se compléter, mais elles ne peuvent pas agir sur un même plan. En tout cas, l'approche historicisante n'est pas le propre du fonctionnalisme duquel le sociologue se revendique. On notera également que ce modèle ne parle pas des institutions, ne parle pas d'éducation, des médias, des leaders... Tout cela, dans la logique de Roger Bernard, n'est qu'un effet du nombre. Comme si le nombre des individus pouvait déterminer la fréquence et l'apport des institutions indépendamment

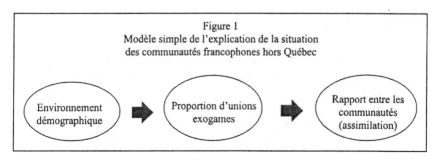

Figure 1
Modèle simple de l'explication de la situation
des communautés francophones hors Québec

Environnement démographique ➡ Proportion d'unions exogames ➡ Rapport entre les communautés (assimilation)

des niveaux de richesse des nations, des formes démocratiques, indépendamment des contextes géopolitiques !

Nos travaux ont bien fait valoir l'importance de l'éducation. Ils ont bien montré aussi qu'il ne suffit pas que les objets francophones soient accessibles pour qu'on s'y expose ou qu'ils soient difficilement accessibles pour qu'on ne s'y expose pas; qu'il n'est que partiellement vrai que plus le nombre de francophones est important, plus la francophonie en profite; que les manifestations linguistiques des francophones ressemblent souvent à celles des anglophones : toutes des thèses qui ne peuvent être comprises dans une logique purement fonctionnaliste, ni dans une logique qui commande simplement l'observation de l'assimilation, toutes des thèses qui supposent qu'on prenne en considération les dynamiques des collectivités dans le contexte des sociétés postindustrielles, informationnelles.

En fait, nos analyses, qui portent sur des données originales, offrent des modèles plus complexes. Car si l'explication doit être économe au plan conceptuel, elle ne doit pas pour autant se couper de l'ensemble des phénomènes observables pertinents. Un modèle théorique doit simplifier la complexité; il ne doit pas l'altérer. Et un modèle n'est jamais qu'une possibilité de la construction analytique de la réalité observée, ce qui signifie qu'il pourrait y avoir d'autres modélisations, à partir, par exemple, d'autres catégories analytiques, d'autres variables. Cette modélisation que nous osons aujourd'hui révèle sans l'ombre d'un doute le caractère trop réducteur de la logique démographiste, qui donne trop souvent le ton au paradigme assimilationniste.

Si l'on réunit en une systémique certaines des études que nous avons menées au cours des dernières années[8], on constate des interactions d'éléments et des tendances contradictoires.

L'une de nos observations les plus importantes est celle de la corrélation positive entre l'éducation et le niveau de francité : plus le francophone est instruit, plus il revendique sa francité. Or, les personnes instruites, dans la postmodernité, sont celles qui sont en position de force, ce sont celles qui sont largement responsables du développement des communautés. Mais la population francophone est sous-instruite, pour des raisons historiques largement attribuables à l'environnement géopolitique. Le francophone sous-instruit, lui, ne se veut pas très francophile, et c'est d'autant plus vrai qu'il est jeune. On a donc affaire à une population fortement divisée où s'affrontent, de façon schématique, des sous-instruits tournés vers l'anglais et des plus instruits tournés vers le français. Si la situation est ainsi possible, c'est parce que le contexte médiatique donne immédiatement à voir une culture anglo-saxonne qui favorise l'anglicité, mais c'est aussi parce que la francité occupe un espace réel dans le champ médiatique, champ dans lequel, par la médiation de l'éducation, la personne tend à s'insérer. Plus les messages d'une culture donnée sont importants dans l'ensemble mass-médiatique, moins il est probable que ses destinataires se dissolvent dans l'univers culturel postmoderne; on a cependant affaire ici à une condition nécessaire mais non suffisante.

Cette antinomie qui repose sur l'instruction est aussi rendue possible par l'effet de la situation géopolitique dans laquelle on observe autant de discrimination fondée sur le statut des collectivités que de moyens pour atténuer cette discrimination. Mais il faut bien voir qu'on n'a pas affaire ici à une simple détermination du contexte médiatique ou de l'environnement géopolitique, comme à un phénomène extérieur. L'instruction fait en sorte qu'il se crée des institutions qui favorisent la francité et qui, partant, agissent sur la culture mass-médiatique autant que sur le cadre politique. C'est dans cet ensemble paradoxal et plurivoque que s'expliquent la disparition et la non-disparition de la francophonie hors Québec.

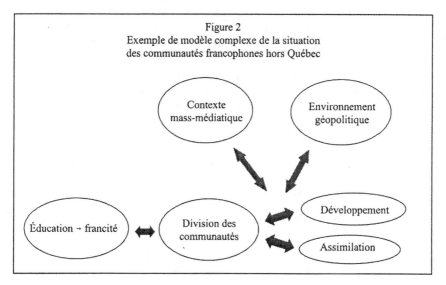

Figure 2
Exemple de modèle complexe de la situation
des communautés francophones hors Québec

Vers l'alternance

En dehors d'une modélisation qui, au minimum, se donne accès aux flux de la postmodernité, il n'est pas possible d'interpréter cette autre observation que nous avons faite où l'on voit que les modes d'expression, indépendamment de la langue, tendent à se ressembler : francophones et anglophones, en effet, prennent position de la même manière dans les sémantiques sociales et sont, les uns comme les autres, aussi peu aptes à construire des positions articulées logiquement. Tous les deux, en effet, *prennent* littéralement des positions qui sont offertes dans le champ discursif, un champ qui, sur la plupart des thèmes, est le même pour les deux : l'avortement, le libre-échange, l'organisation familiale, les vedettes du sport, et ainsi de suite. Or, ce fusionnement n'a que peu à voir avec une assimilation; on voit bien plus les deux collectivités se transformer en fonction des impératifs du discours médiatique que les francophones se dissoudre dans le monde anglophone.

De même, dans une modélisation de type démographiste, on ne peut expliquer le phénomène de l'alternance linguistique que nous avons remarqué en examinant les usages médiatiques de francophones de l'Ontario. Nos analyses ont démontré qu'on ne peut pas dire que plus le francophone consomme des médias anglophones, moins il consomme de médias francophones. La réalité est beaucoup plus complexe. L'exemple de la lecture est ici éloquent. D'abord, on note que, chez les Franco-Ontariens comme chez les autres populations, l'éducation est déterminante dans la probabilité de lecture. Ensuite, on constate que plus un Franco-Ontarien lit de façon générale, plus il lit en français, bien que la fréquence de la lecture en français tende à être inférieure à la lecture en général; on peut affirmer que plus le Franco-Ontarien lit en anglais, plus il lit aussi en français. Il s'agit ici d'une observation importante qui montre que la francité ontarienne peut se vivre largement sur le mode de l'alternance, et non de l'assimilation. Nos analyses montrent encore que ce schème vaut autant pour la région du Nord-Est de l'Ontario, où la lecture en français est difficilement accessible, que pour la région de l'Est, où il est relativement aisé de se procurer un imprimé en français. Encore une fois, on est bien loin ici des phénomènes qui se prêtent à l'interprétation démographiste.

Modèle typique de l'alternance, mais variation selon de nombreux facteurs

Le modèle de l'alternance est largement répandu, mais il varie selon plusieurs facteurs. Ce n'est pas parce qu'il est commun qu'il est invariable.

L'effet de l'instruction se manifeste toujours, et pour l'usage de tous les médias. La région est aussi déterminante. On peut se procurer assez facilement des médias imprimés sur le *net*, mais on n'écoute qu'exceptionnellement la radio sur le Web, de sorte que si l'ensemble des chaînes radiophoniques d'un milieu donné ne fournit pas les messages auxquels les usagers recourent normalement, les auditeurs francophones se tourneront plus fréquemment vers les stations anglaises. On a affaire ici à la double tendance des consommateurs contemporains des médias : d'une part, il est important pour eux de s'exposer aux contenus généraux : les grandes thèses sur le commerce, les nouvelles nationales et internationales, les artistes de grande renommée, ce pourquoi, par exemple, ils lisent les grands quotidiens ou se branchent sur les grands réseaux; d'autre part, ils s'intéressent à leur milieu ou aiment s'informer sur le monde à partir des préoccupations de leur communauté régionale ou culturelle, ce pour quoi ils lisent les journaux locaux ou écouvent les médias communautaires. L'âge aussi a une grande influence. L'adolescence, nous l'avons souvent expliqué, est le moment du grand refus de la francité pour le francophone. C'est là, entre autres, que l'exposition aux contenus francophones est la plus faible. Après, s'il n'y a pas eu décrochage ou, mieux encore, s'il y a eu quelque formation universitaire, il y aura un appel du français, voire une contribution à la production de contenus médiatiques francophones.

Hypothèses

La jeunesse est la période où se vivent de la façon la plus aiguë les tensions qui traversent une communauté. Les jeunes des minorités francophones au Canada ne peuvent évidemment pas se soustraire au conflit que représente la coexistence de deux cultures dans leur milieu, surtout quand ces cultures occupent un espace important dans l'ensemble institutionnel et médiatique. Mais on a précisément affaire ici à une tension et non pas simplement à un effet démographique qui, par exemple, serait d'autant moins intense que la proportion de francophones serait grande. Cette tension peut se reproduire comme telle – et donc donner lieu aussi bien à des formes de développement que de non-développement de la francophonie – parce qu'elle comporte des conditions de possibilités. Ainsi, si les jeunes des minorités francophones hors Québec sont ceux qui sont les plus pénétrés par la double influence de l'anglais et du français, il sont aussi ceux qui sont les plus sensibles à ses conditions de possibilités, ce qui les inscrit par principe dans le possible, c'est-à-dire dans un avenir incertain, pour reprendre le cantique de Roger Bernard, mais aussi dans un avenir qui est constamment en voie de définition. Il faut voir dans cette assertion le fait que si la possibilité n'est pas certitude, elle est tout de même probabilité. Cette observation nous conduit à soulever l'hypothèse que la francophonie minoritaire au Canada représente l'un des objets privilégiés pour examiner le fait postmoderne, qui est trop souvent mal compris parce qu'il est trop communément décrit à l'intérieur des thèses qui, ou bien issues de la sociologie de la communication de masse, annoncent l'homogénéité des civilisations et la disparition des particularismes, ou bien issues de la philosophie postmoderne, prédisent l'accentuation des particularismes. La plupart des théoriciens négligent de réunir dans un même chœur ces voix apparemment discordantes qui, en réalité, dépeignent deux aspects d'un même univers. Les jeunes francophones, à l'extérieur du Québec, à travers leur appel du français et de l'anglais, appel qui est rendu possible parce qu'il est éprouvé au sein d'une société qui présente toutes les caractéristiques des sociétés postmodernes, réalisent au quotidien cette dualité de la postmodernité qui se veut aussi bien une tendance à la différenciation qu'une inclination à l'homogénéisation. Et c'est à l'analyse de ce phénomène que, selon nous, la sociologie de la francophonie minoritaire au Canada doit se consacrer, non seulement pour mieux comprendre ce phénomène en lui-même, mais aussi pour accorder entre elles les thèses sur la société contemporaine. En faisant porter une telle analyse sur les jeunes du Canada français, on sera à même de comprendre comment, dans un milieu où les contraintes sont les plus importantes, et à un moment de la vie où les acteurs sociaux sont les mieux pénétrés des tendances socio-culturelles de la société à laquelle ils appartiennent, se réalise de diverses façons l'être social.

Conclusion

On n'est pas nécessairement en train de composer un requiem en l'honneur des enfants auxquels on donnera naissance par le simple fait qu'on soit jeune, francophone et minoritaire au Canada. Plusieurs courants des sciences sociales devraient, à cet égard, commencer à se demander comment il se fait qu'il leur est si impérieux de condamner continûment le Canada français et les jeunes qui en sont le devenir, et cela souvent au mépris d'informations qui contredisent cet interminable refrain. Pour le moins, les analyses font état d'une situation complexe qui échappe à l'approche assimilationniste et au démographisme. Et il importe sans doute de comprendre cette complexité à partir de modèles qui s'ouvrent aux diverses dialectiques qui caractérisent les faits sociaux et qui peuvent accueillir des catégories analytiques relativement nombreuses ou aptes à une certaine généralisation; en outre, il semble que cette modélisation doit pouvoir prendre en considération aussi bien la diversification du social que son homogénéisation.

NOTES

1. Linda Cardinal, Jean Lapointe, J.-Yvon Thériault, *État de la recherche sur les communautés francophones hors Québec, 1980-1990*, Ottawa, Centre de recherche en civilisation canadienne-française, Université d'Ottawa, 1994. La bibliographie comporte quelques titres sur la période antérieure à 1980.
2. Roger Bernard, *Le choc des nombres : dossier statistique sur la francophonie canadienne, 1951-1986*, Ottawa, Fédération des jeunes Canadiens français, « Vision d'avenir », Livre II, 1990.
3. Roger Bernard, *Un avenir incertain : comportements linguistiques et conscience culturelle des jeunes Canadiens français*, Ottawa,

Fédération des jeunes Canadiens français, « Vision d'avenir », Livre III, 1991.
4. Roger Bernard, *Le déclin d'une culture : recherche, analyse et bibliographie. Francophonie hors Québec, 1980-1989*, Ottawa, Fédération des jeunes Canadiens français, « Vision d'avenir », Livre I, 1990.
5. Roger Bernard, *Le Canada français : entre mythe et utopie*, Ottawa/Hearst, Le Nordir, 1998.
.6. Roger Bernard, *À la défense de Montfort*, Ottawa, Le Nordir, 2000.
7. Roger Bernard, *De Québécois à Ontarois*, Ottawa/Hearst, Le Nordir, 1988, 1996.

8. Voir, entre autres : Simon Laflamme et Donald Dennie (avec la collaboration d'Yvon Gauthier), *L'ambition démesurée. Enquête sur les aspirations et les représentations des étudiants et des étudiantes francophones du Nord-Est de l'Ontario*, Sudbury, Prise de parole/Institut franco-ontarien, 1990; Simon Laflamme et Ali Reguigui, *Deux groupes linguistiques, une communication de masse*, Montréal et Paris, L'Harmattan, 1997; Simon Laflamme et Christiane Bernier, *Vivre dans l'alternance linguistique. Médias, langue et littératie en Ontario français*, Sudbury, Centre franco-ontarien de ressources en alphabétisation (FORA), 1998.

L'IMMIGRATION ET LA COMMUNAUTÉ FRANCO-TORONTOISE : LE CAS DES JEUNES[1]

Amal Madibbo et John Maury
Université de Toronto
(avec la collaboration de F. Kanouté, A. Chambon, M. Heller et N. Labrie)

L'objectif de cet article est de comprendre l'expérience et les positionnements des jeunes qui s'identifient, dans leur discours, comme immigrants, ou fils d'immigrants par rapport à leur communauté, à la communauté franco-torontoise et à la communauté torontoise dans son ensemble.

Au moyen d'une analyse de leurs discours et pratiques langagières et sociales, nous examinerons les stratégies identitaires que ces jeunes élaborent vis-à-vis de la société d'accueil, du pays d'origine, de leur communauté et de la communauté torontoise. Cette analyse se fait à travers le cheminement social de ces jeunes, leurs pratiques identitaires linguistiques et sociales, ainsi qu'à travers leurs expériences d'éducation, de travail et de discrimination. Dans le contexte ontarien/torontois (Berger, 1997; Heller, 1994, 1999), le statut doublement minoritaire de ces jeunes ajoute à la complexité de leur construction identitaire et de leurs positionnements sociaux. Entre le bilinguisme (anglais, français) et le multilinguisme de leur communauté, les jeunes adoptent des stratégies qui leur permettent d'avoir accès à l'éducation, à la formation et à l'emploi, et de prendre leur place dans les différents regroupements qui les entourent.

Afin d'analyser les positionnements identitaires des jeunes, nous mettons l'accent de façon plus particulière sur quatre jeunes dont trois d'origine haïtienne et une d'origine mauricienne; à savoir deux Haïtiennes et une Mauricienne nées au Canada et un Haïtien né à l'extérieur du pays.

Contexte

La communauté franco-ontarienne était auparavant constituée d'une population d'origine canadienne-française et européenne. Son identité collective – celle de minorité de langue officielle – a été formée par ses relations de pouvoir face à la dominance de la majorité anglophone. Depuis les dix dernières années, cependant, l'immigration croissante des francophones de l'Afrique et des Caraïbes contribue à rendre les communautés francophones plus hétérogènes sur les plans culturel, ethnique et social.

La société d'accueil devrait s'adapter aux changements démographiques qui découlent de l'immigration, de l'urbanisation et de la mobilité socio-économique. Les immigrants sont appelés à développer des moyens d'intégration dans cette société. Ces immigrants font face à des processus d'intégration et d'insertion socio-économique, et s'inscrivent également dans un processus de maintien et d'évolution de leurs identités culturelles et linguistiques (Kanouté, 1999; Ndoye, 1998). Il s'agit donc de processus complexes qui se produisent entre les immigrants et la société d'accueil d'une part, et au sein des communautés immigrantes elles-mêmes, d'autre part. Ces processus entraînent également des positionnements sociaux au sein de ces communautés entre les différents groupes : entre l'élite et les autres classes sociales, entre les hommes et les femmes et entre les différents groupes d'âge.

Dans ce contexte, l'expérience des jeunes est liée au cheminement migratoire de leurs parents et à la mobilité géographique et socio-économique de leur communauté. En fait, dans plusieurs cas, le projet migratoire lui-même se concentre sur les jeunes. Les parents visent à fournir aux enfants des outils qui leur permettront d'améliorer leurs chances de succès et de leur assurer un avenir meilleur.

Les communautés haïtienne et mauricienne

L'immigration des Haïtiens au Canada s'est effectuée en plusieurs vagues, dont la première remonte aux années 1960. Les enfants de ces immigrants, nés et socialisés au Canada, constituent les deuxième et troisième générations d'Haïtiens. À ceux-ci s'ajoutent d'autres jeunes qui ont vécu une partie de leur vie en Haïti avant d'arriver au Canada. À partir des années 1970, il y a eu une migration interne d'Haïtiens du Québec vers l'Ontario (Toronto). Le processus touche des jeunes qui arrivent seuls ou avec leur famille. Certains arrivent directement à Toronto, d'autres séjournent d'abord dans d'autres villes comme Sudbury et Ottawa.

Le répertoire linguistique de ces Haïtiens est varié. L'élite de la première génération a été formée en français et elle a une maîtrise du français standard. Les gens des autres classes sociales étaient surtout créolophones. Arrivés en Ontario, ils ont appris l'anglais. Ainsi, cette communauté vit une expérience du multilinguisme qui inclut le français, le créole haïtien et l'anglais. Les jeunes sont scolarisés soit en français soit en anglais ou bien dans les deux langues. Ceux qui sont nés au Canada sont surtout bilingues (français et anglais). Certains parlent le créole; d'autres ne le parlent pas mais le comprennent. Ceux qui ont d'abord vécu en Haïti parlent le créole et le français et apprennent l'anglais au Canada.

Pour ce qui est des Mauriciens, leur présence à Toronto remonte au début des années 1980. Cette communauté est formée d'Indo-Mauriciens et surtout de Sino-Mauriciens. Les Mauriciens ont des répertoires linguistiques divers incluant un français standard proche du français européen, l'anglais, le créole mauricien ainsi que des langues d'origine indienne, dans le cas des Indo-Mauriciens, et le hakka, dans le cas des Sino-Mauriciens. Les adolescents, nés au Canada, parlent surtout l'anglais; ils ne parlent guère le français ou le créole mauricien. Leurs parents tentent cependant de leur enseigner le créole, car les grands-parents (venus au Canada pour rester auprès des enfants) ne parlent ni ne comprennent l'anglais.

Ainsi ces jeunes de familles immigrantes se trouvent entourés par leur communauté qui est constituée, d'une part, des collectivités chinoise, créolophones anglaise et française, africaines francophones ou anglophones et, d'autre part, par la communauté franco-torontoise (elle-même en milieu minoritaire) ainsi que par l'ensemble de la société. Quelle est leur place dans ces communautés ? Quelles affiliations développent-ils et avec quels regroupements ? Et comment s'intègrent-ils dans le milieu scolaire et dans un marché du travail bilingue ? Ce sont les questions auxquelles nous allons tenter de répondre.

Approche théorique

Au moyen d'une analyse de discours, nous cherchons à cerner les pratiques langagières et sociales ainsi que les positionnements des acteurs sociaux. En étudiant les pratiques langagières comme pratiques sociales, Élisabeth Bautier envisage le langage comme « lieu de construction, de mise en œuvre et d'analyse des pratiques socio-cognitives » (1995, p. 167). Par le biais du discours, les sujets donnent sens à leur existence; ils interprètent leurs réalités sociales et construisent des catégorisations et thématisations concernant leurs identités et les réalités sociales qui les entourent (Fairclough, 1992; Mondada, 1998; Labrie *et al.*, 2000). De ce fait, les positionnements ainsi que les pratiques sociales et langagières se relient aux identités et se produisent à travers des catégories sociales telles la langue, la culture, l'ethnicité, etc.

L'analyse de discours permet également de déceler les stratégies identitaires que mobilisent ces jeunes dans le cadre de leurs identifications multiples. Les stratégies identitaires sont décrites par plusieurs auteurs : Cohen-Emerique (1987); Malewska-Peyre (1989) et Taboada-Leonetti (1989) (jeunes Français d'origines antillaise, portugaise, asiatique et maghrébine); Laperrière (1992) (jeunes Québécois d'origines italienne et haïtienne); Matute-Bianchi (1991) (jeunes Américains d'origine mexicaine). Pour Taboada-Leonetti,

> les stratégies identitaires [...] apparaissent comme le résultat de l'élaboration individuelle et collective des acteurs et expriment, dans leur mouvance, les ajustements opérés, au jour le jour, en fonction de la variation des situations et des enjeux qu'elles suscitent – c'est-à-dire des finalités exprimées par les acteurs – et des ressources de ceux-ci (1989, p. 96).

Camilleri (1987) perçoit les stratégies identitaires comme une parade; Malewska-Peyre y voit la réponse à une situation comportant une part de souffrance :

> Le point de départ de l'analyse des stratégies identitaires est une constatation que la dévalorisation de l'image de soi, et/ou l'identité négative est une souffrance. Ce sentiment est d'autant plus pénible qu'il est durable. Par conséquent, l'individu développe des mécanismes de défense ou même des séquences de comportements que nous appellerons les stratégies pour diminuer ou éviter cette souffrance (1989, p. 321).

Finalement, l'analyse mérite de s'arrêter sur ce qu'on pourrait appeler des conflits intergénérationnels, lesquels découlent de la différenciation des processus d'adaptation ou d'intégration, à l'intérieur des familles ou des groupes immigrants (Berry et al., 1989; Oriol, 1986; Sterlin, 1987). Ces notions nous permettent d'analyser les actions et les positionnements des divers groupes d'acteurs sociaux lorsqu'il s'agit de la spécificité du cheminement identitaire des jeunes francophones qui s'identifient comme immigrants, de la problématique intergénérationnelle en contexte d'immigration, de la complexité des rapports d'appartenance à un groupe intégrateur lui-même minoritaire et à un groupe majoritaire dominant.

Approche méthodologique

Les données sur lesquelles nous nous basons ont été recueillies dans le cadre du projet *L'immigration et la communauté franco-torontoise*. L'objectif de cette étude était de comprendre l'expérience des immigrants francophones en milieu minoritaire à Toronto et d'examiner l'impact de leur arrivée sur l'évolution des structures d'accueil franco-torontoises. Pour ce faire, nous avons mené une recherche de type ethnographique auprès des communautés haïtienne et mauricienne, ainsi qu'auprès de deux organismes francophones qui se spécialisent dans le conseil à l'emploi, le logement, l'immigration et les services de santé.

Nous avons réalisé 14 entrevues auprès de personnes dans chacune des deux communautés visées, dont plusieurs entrevues collectives auprès de membres de regroupements communautaires. Notre échantillon est constitué d'individus (jeunes, adultes, parents) et de représentants de regroupements communautaires qui jouent un rôle public important dans leur communauté ainsi que dans les autres organismes et institutions torontoises. Les entrevues ont porté sur les trajectoires d'immigration; les rapports avec les institutions et organismes francophones et anglophones ainsi qu'avec ceux de la communauté d'origine; les modes d'organisation interne de la communauté; les liens qu'entretiennent ces personnes avec leur communauté, au Canada ou ailleurs, et avec d'autres communautés ethno-linguistiques à Toronto. Nous nous sommes également concentrés sur la formation et l'éducation, la trajectoire linguistique et la perception de la francophonie torontoise. Les participants choisis comprenaient également des jeunes qui avaient été selectionnés en fonction de leur participation aux différents organismes et associations. Dans les entretiens réalisés auprès des jeunes, nous cherchions, entre autres, à saisir leurs stratégies identitaires, leur parcours et leur rapport à chacune des communautés qui sont significatives pour eux. Le cadre d'entrevue était composé de trois séries de questions traitant du contexte de la vie (parcours, famille, école, amis, activités communautaires, éducation, emploi), des pratiques ainsi que des positionnements identitaires dans chacun de ces contextes. Lors des entretiens, les parents ont également fait état de leur point de vue au sujet de l'enseignement de la langue maternelle aux enfants, des positionnements identitaires de ces derniers ainsi que de leur lien avec le pays d'origine.

Dans notre recherche, nous voulions entre autres comprendre l'impact des immigrants et des nouveaux arrivants sur le fonctionnement des organismes francophones et savoir comment ceux-ci se définissaient comme organismes franco-ontariens. Nous cherchions également à connaître les services que ces organismes offraient aux nouveaux arrivants et aux immigrants francophones, ainsi que l'évolution de leur clientèle et de ses besoins. Nous nous sommes aussi intéressés aux rapports entre la nouvelle clientèle et celle établie depuis plus longtemps à Toronto et aux liens entre les organismes étudiés et d'autres organismes au service de la francophonie torontoise. De plus, nous avons pu effectuer trois séances d'observation dans un organisme; nous avons ainsi assisté à une activité et à des réunions du personnel ainsi qu'à deux séances d'observation dans des regroupements mauriciens. Finalement, les deux organismes et les deux communautés nous ont généreusement donné accès à un certain nombre de documents pertinents; il s'agit de documents qui offrent des renseignements sur ces organismes et communautés et d'études au sujet des nouveaux arrivants et immigrants francophones.

En nous basant sur le discours produit au cours d'entrevues auprès de quatre jeunes et de leurs parents, nous examinons brièvement les principales caractéristiques du cheminement identitaire des jeunes francophones immigrants ou enfants d'immigrants. À cette fin, trois éléments les plus pertinents dans le contexte de cet article seront retenus : les différences entre la première et la deuxième génération, la problématique intergénérationnelle et la complexité des rapports d'identification.

Brefs portraits des jeunes

Sora, âgée de 28 ans, est étudiante dans une université de Toronto. Elle est née en Ontario de parents immigrants, Mauriciens. Elle a un frère mauricien mais aussi un petit frère canadien. Son père, médecin de profession, a fait pendant longtemps le va-et-vient entre l'île Maurice et le Canada. Sora a passé quatre ans à Maurice, mais elle a cessé à l'âge de neuf ans de faire la navette entre le pays d'origine (des parents) et le Canada. Aujourd'hui, les parents de Sora sont rentrés à Maurice, mais elle a décidé de rester au Canada.

Ewin est d'origine haïtienne. Il avait 15 ans quand il a quitté Haïti pour rejoindre son père qui était déjà ici et qui pensait que le Canada réserverait un avenir meilleur à son fils. Au début, Ewin partageait sa vie entre Montréal et

Ottawa; il a donc fait ses études secondaires en partie dans une ville et en partie dans l'autre. Il a terminé ses études collégiales dans un cégep de Montréal. Par la suite, il est venu à Toronto, puis a déménagé à Sudbury pour y faire ses études universitaires. Bien qu'il travaille aujourd'hui dans un centre d'appels, il continue de prendre d'autres cours professionnels au collège dans le but de se trouver un meilleur emploi.

Marthe est née à Montréal de parents d'origine haïtienne qui ont quitté Haïti pour des raisons politiques. Selon elle, son parcours personnel ressemble à celui des autres Haïtiens et Haïtiennes : école privée puis collège français. Soulignons d'entrée de jeu que l'éducation des enfants – une bonne éducation, précisons-le – est perçue par les parents comme un impératif. Force est de constater que, pour ces derniers, l'éducation dans une école privée est considérée comme meilleure. Avec un baccalauréat en sociologie, Marthe a occupé à Montréal une variété de petits boulots dans divers domaines – services à la clientèle, télémarketing, production à la télévision, etc. À présent, elle travaille comme agente de liaison dans un organisme francophone à Toronto.

Marie est Montréalaise d'origine haïtienne. Contraints de quitter Haïti pour des raisons politiques, ses parents ont fait un long séjour au Congo avant de venir s'établir à Montréal dans les années 1960. Avec une maîtrise en travail social, Marie considère qu'elle « baigne entre deux cultures » – la culture québécoise et les valeurs haïtiennes. Cependant elle qualifie son adolescence de difficile.

Avant de nous pencher sur les propos des jeunes, soulignons que leur avenir constitue une préoccupation majeure pour leurs parents. En effet, « pour l'avenir des enfants » revient comme un leitmotiv dans les entrevues avec les parents. Quand l'immigration n'est pas le fruit de la situation politique locale, elle résulte avant tout du désir d'assurer l'avenir des enfants, expliquent les parents. La décision d'immigrer est souvent motivée par le fait que le Canada est perçu comme un environnement prometteur tant sur le plan de l'éducation que sur le plan professionnel, pour les parents eux-mêmes et surtout pour les enfants. Sur le plan social, s'établir au Canada permet de s'éloigner des « tiraillements » entre les diverses communautés ethniques du pays d'origine.

Les positionnements identitaires dans le discours des jeunes

Nous avons constaté qu'il existe un écart entre les jeunes de la première génération et ceux de la deuxième. D'abord, le jeune qui est arrivé au Canada vers l'âge de quinze ans se dit « noir, francophone, haïtien » alors que pour Marie, qui appartient à la deuxième génération au pays, l'identification est plus complexe :

> Clairement je me sens haïtienne et je suis fière de mes origines mais je suis consciente que j'ai vécu toute ma vie au Québec, alors pour m'identifier je dis souvent que je suis Québécoise d'origine haïtienne, je trouve que ça me convient [...] en venant à Toronto, j'ai réalisé à quel point j'ai un bagage très québécois.

Même constat chez Sora, qui s'identifie d'abord comme canadienne : « Je me considère canadienne ». Cependant, elle n'en a pas moins conscience de son ascendance étrangère :

> Mais je suis très consciente du fait que je suis la fille ou que je fais partie d'une famille émigrante, c'est quelque chose dont je suis consciente sur un plan personnel et aussi sur un plan pseudo-politique, je suppose, la façon dont je m'identifie avec d'autres émigrants ou d'autres Mauriciens.

C'est dans ce contexte particulier, entourée de sa famille, des amis de ses parents et d'autres immigrants qu'elle s'est forgée une identité à deux composantes, l'une canadienne, l'autre mauricienne. Se situant dans un milieu de l'entre-deux, elle ne manque pas de souligner qu'elle est toutefois « étonnée par certaines choses dans les deux pays », même si elle est à l'aise « à Maurice aussi bien qu'au Canada ». Au demeurant, elle ajoute qu'elle s'identifie avec d'autres immigrants, qui vivent selon elle « une certaine expérience » – celle d'être autre –, expérience qui est souvent nourrie de questions liées au racisme ou à la discrimination.

Ce positionnement s'oppose à celui adopté par Marthe, l'autre jeune femme d'origine haïtienne, fille d'immigrants qui a été marquée par son long séjour à Montréal :

> C'est vrai que je viens de Montréal donc j'ai une autre manière de voir les choses [...] je ne suis pas habituée à vivre dans un autre format en français [...] je trouve que c'est bizarre de vivre ici à Toronto, je vis surtout en français, je travaille en français, je vis socialement en français, alors en anglais c'est quoi, quand je vais faire mon marché.

Du point de vue de la culture, elle dira que « les francophones sont plus ouverts que les anglophones, les anglos sont un peu froids, un peu distants ». Cette distinction entre francophones et anglophones s'étend sur d'autres axes. Elle se dit déçue par l'attitude des autres qui ont adopté la culture anglo-saxonne, qui sont « très canadiens et se définissent d'abord comme tels ».

Dans le milieu torontois, la langue implique d'autres axes conflictuels – sur le plan de la mentalité, à l'intérieur même des autres communautés noires, voire antillaises. Le fait de vivre à Toronto, ville cosmopolite par excellence, facilite cette identification hybride, ce statut identitaire d'entre-deux :

En vivant à Toronto, je me rends compte que je ne suis pas vraiment canadienne, mais je ne suis pas prête à me dire québécoise, je suis prête à dire que je suis montréalaise, ça je suis une bonne montréalaise, ça il n'y a rien à faire.

En ce qui concerne la problématique intergénérationnelle, la divergence de positions entre les parents et les enfants est tout à fait remarquable. Dans le discours des parents, les enfants sont négativisés, décrits comme étant dans une situation de manque, du point de vue de la culture et de la langue. C'est particulièrement le cas des jeunes qui ont tendance à s'éloigner du français et du créole. Ne parlant pas la langue créole, ils ont tendance à s'assimiler à la culture anglophone, ce que récusent les parents. Ces derniers sont conscients que le fait de parler créole et français est certainement un atout lorsqu'ils voyagent dans leur pays d'origine, mais les jeunes, eux, sont peu concernés par cette pseudo-perte d'identité. D'ailleurs, ce manque est rarement ressenti par le jeune immigrant francophone qui vit en milieu urbain anglophone. Plus déterminante sans doute est la relation entre les possibilités d'emploi et les compétences langagières. S'exprimer en anglais constitue un impératif si l'on veut trouver du travail à Toronto. Or les jeunes de la deuxième génération qui ont l'avantage de connaître l'anglais et le français n'ont pas l'impression d'éprouver un manque, puisque leur bilinguisme les aide à trouver des postes bilingues. En choisissant de fonctionner en anglais en dehors de leur emploi (parfois même de la famille), ceux-ci relèguent le français à un statut symbolique, culturel. Pour eux, le français est certes le témoin d'une histoire personnelle, mais il relève du passé. Quant à l'avenir, les jeunes l'envisagent autrement – sans les parents et leur mal du pays natal, leur nostalgie de sa langue et de sa culture d'origine.

Il faudrait ajouter que les jeunes qui ont vécu dans d'autres villes, telles que Sudbury, Ottawa, Montréal, London s'accordent à dire qu'en général, Toronto semble être plus ouverte à l'immigration, qu'il y existe moins d'intolérance que dans d'autres villes canadiennes. Ce constat se confirme d'ailleurs si l'on examine l'itinéraire migratoire des jeunes en général. Étant arrivés pour la plupart à Toronto en transitant par Montréal, ils considèrent que la ville est plus ouverte à l'immigration, en raison même de son caractère hautement cosmopolite.

Conclusion

La situation des jeunes francophones immigrants ou enfants d'immigrants au Canada est un sujet complexe. Comme ils font l'expérience d'un « entre » – non pas tout simplement un « entre-deux » mais plutôt un « entre-plusieurs » spatio-temporel, intergénérationnel, multiculturel, langagier –, aucun schéma ne semble pouvoir les « fixer ». Les paramètres et les modèles doivent constamment être remis en question. Poussés à se définir, à s'identifier, ils commencent par nous indiquer les défaillances et les faiblesses des modèles tout faits. Si chaque cas est presque unique, les jeunes ont tous démontré dans les entrevues qu'ils s'adonnaient certainement à la réflexion, qu'ils n'étaient nullement en situation de perte ou de manque. À la fois actifs et militants, ils sont au contraire très engagés dans la question de l'interculturel, des identités mixtes et dans celle des avantages et désavantages qu'il y a à occuper des postes bilingues. Leurs discours se traduisent dans la pratique culturelle, par la voie de leurs engagements dans le monde du théâtre, du cinéma, de la radio communautaire où ils célèbrent cette identité « d'entre-plusieurs ».

BIBLIOGRAPHIE

BAUTIER, Elisabeth (1995), « Les pratiques langagières de salariés peu qualifiés », dans *Pratiques langagières, pratiques sociales. De la sociolinguistique à la sociologie du langage*, Paris, L'Harmattan, p. 168-192.

BERGER, Marie-Josée (1997), « Vers l'inclusion de l'évaluation égalitaire et de la pluriethnicité dans la communauté francophone minoritaire », *Revue du Nouvel Ontario*, n° 21, p. 115-133.

BERRY, J.W., U. KIM, S. POWER, M. YOUNG et M. BUJAKI (1989), « Acculturation attitudes in plural society », *Applied Psychology: An International Review*, vol. 38, n° 2, p. 185-206.

CAMILLERI, Carmel (1987), « La gestion de l'identité en situation d'hétérogénéité culturelle », dans Jean RETSCHITZKI *et al.* (dir.), *La recherche interculturelle*, tome 1, Paris, L'Harmattan, p. 13-25.

COHEN-EMERIQUE, Margalit (1987), « Reconnaissance des jeunes de l'immigration et action éducative », *Migrants, formation*, n° 70, p. 38-43.

FAIRCLOUGH, Norman (1992), *Discourse and Social Change*, Cambridge, Polity Press.

HELLER, Monica (1999), *Linguistic Minorities and Modernity: A Sociolinguistic Ethnography*, Londres, Longman.

HELLER, Monica (1994), « Crossworlds: language,

education and ethnicity in French Ontario », dans J. A. FISHMAN (dir.), *Contributions to the Sociology of Language*, vol. 66, Berlin/New York, Mouton de Gruyter.

KANOUTÉ, Fasal (1999), « Les statuts socio-métriques et les profils d'acculturation d'élèves d'origine migrante à Montréal », thèse de doctorat, Faculté d'éducation. Université de Montréal.

LABRIE, Normand, Nathalie BÉLANGER, Roger LOZON et Sylvie ROY (2000), « Mondialisation et exploitation des ressources linguistiques : les défis des communautés francophones de l'Ontario », *La Revue canadienne des langues vivantes*, vol. 57, n° 1, p. 88-117.

LAPERRIÈRE, Anne (1992), « Relations ethniques et tensions identitaires en contexte pluriculturel », *Santé mentale au Québec*, vol. 27, n° 2, p. 133-156.

MALEWSKA-PEYRE, Hanna (1989), « La notion de l'identité et les stratégies identitaires », *ARIC, Socialisation et culture*, Actes du 1er colloque de l'ARIC à Sèvres, 1986, Toulouse, ARIC, p. 317-326.

MATUTE-BIANCHI, M.E. (1991), « School Performance among Mexican-Descent Students », dans Margaret A. GIBSON et John U. OGBU (dir.), *Minority Status and Schooling: A Comparative Study of Immigrant and Involuntary Minorities*, New York, Garland Publishing, p. 205-247.

MONDADA, Lorenza (1998), « L'identité sexuelle comme accomplissement pratique », dans M. M. Jocelyne FERNANDEZ (dir.), *Parler femme en Europe, la femme, image et langage, de la tradition à l'oral quotidien*, Paris/Montréal, L'Harmattan, p. 253-276.

NDOYE, Amadou (1998), « Les relations interculturelles entre les immigrants d'origine sénégalaise et la population québécoise d'accueil : jalons d'une analyse des systèmes de représentation et des stratégies d'intégration », thèse de doctorat, Université Laval.

ORIOL, Michel (1986), « La flexibilité des rôles familiaux chez les immigrés : transposition et réinterprétation », dans Martine Abdallah-Pretceille *et al.* (dir.), *Enfances et cultures*, Toulouse, Privat, p. 39-51.

STERLIN, Carlo (1987), « La référence culturelle dans une pratique psychiatrique en milieu haïtien à Montréal », dans Ellen E. Corin *et al.* (dir.), *Regards anthropologiques en psychiatrie*, Montréal, Éditions du Girame, p. 97-110.

TABOADA-LEONETTI Isabelle (1989), « Stratégies identitaires et minorités dans les sociétés pluriethniques », *Revue internationale d'action communautaire*, vol. 21, n° 61, p. 95-107.

NOTES

1. Le projet *L'immigration et la communauté franco-torontoise* a été subventionné par le *Joint Center of Excellence for Research on Immigration and Settlement/* Toronto. L'étude a été menée au Centre de recherches en éducation franco-ontarienne de l'Université de Toronto. L'équipe de recherche était formée des chercheurs principaux Monica Heller et Normand Labrie (Institut d'études pédagogiques de l'Ontario), Adrienne Chambon (Faculté de travail social de l'Université de Toronto), Fasal Kanouté (Université de Montréal) et des assistants de recherche Amal Madibbo et Mueni Malubungi (IEPO) et John Maury (Département d'études françaises de l'Université de Toronto).

HISTORICITÉ DU DISCOURS DES JEUNES GAIS ET LESBIENNES FRANCOPHONES EN MILIEU MINORITAIRE

Marcel Grimard
Institut d'études pédagogiques de l'Ontario
Université de Toronto

Depuis quarante ans, la société canadienne connaît des transformations sociales, économiques, démographiques et législatives importantes. Les notions identitaires se sont modifiées, ce qui a remis en question la façon dont les individus se mettent en discours. Ces modifications identitaires sont issues de la dialectique des savoirs/pouvoirs du complex médico-scientifique et du complexe juridico-légal, ce que l'on constate sur le plan législatif (Foucault, 1990). Un ensemble de mesures ont modernisé les critères de participation à la citoyenneté canadienne. Deux périodes pendant lesquelles le gouvernement fédéral est intervenu pour construire l'identité nationale et, par ricochet, celle des individus, se démarquent : les années 1967 à 1973 et 1980 à 1982.

Au cours de la première période, le parlement fédéral adopte quatre lois touchant l'identité. En 1968, le gouvernement Trudeau présente un projet de loi sur le divorce et un projet de loi omnibus qui, en plus d'introduire des modifications à la Loi sur l'immigration, décriminalise les actes sexuels entre adultes de même sexe, ainsi que l'avortement (Radio-Canada, 2001). Puis en 1969, la Loi sur les langues officielles fait du français une des deux langues officielles de l'État fédéral. Par la suite, le gouvernement fédéral dévoile sa politique sur le multiculturalisme. Quelques années plus tard, soit de 1980 à 1982, il propose, avec la canadianisation (ou « rapatriement ») de la Constitution, l'inclusion dans cette dernière d'une Charte des droits et libertés. La Charte a permis l'émergence d'un discours identitaire centré sur l'individu, un discours du « moi » (Foucault, 1990). L'individualisme moderne atteint ainsi un niveau d'émancipation sans précédent.

À la suite des interventions étatiques concernant l'identité des citoyens canadiens, est-il possible de constater, chez les jeunes gais et lesbiennes francophones en milieu minoritaire ayant vécu à ces époques, des transformations dans le discours identitaire durant ces deux périodes ? En d'autres termes, existe-t-il une historicité du discours ? Peut-on faire une distinction entre le discours tenu par les individus du centre et celui tenu par les individus de la périphérie, c'est-à-dire entre ceux qui possèdent les ressources symboliques et matérielles pour influencer le discours de la communauté francophone et de la communauté des gais et lesbiennes, et ceux qui sont marginalisés et minorisés ? Y a-t-il eu des méga-discours qui ont mené à la construction d'une jonction identitaire, regroupant l'âge, la langue et la sexualité ?

Cadre conceptuel et méthodologique de l'étude

Le cadre méthodologique de l'étude est basé sur le projet de recherche « Prise de parole[1] » qui avait pour objectif d'étudier la construction identitaire en Acadie et en Ontario français. Plus de 400 entrevues semi-dirigées ont été réalisées, dont 36 entrevues avec des gais, des lesbiennes et des personnes bisexuelles. L'âge des participants variait entre 23 et 57 ans.

Sur le plan conceptuel, il est nécessaire d'utiliser plusieurs cadres théoriques si l'on veut établir une analyse de la jonction sexualité-langue-âge. Ainsi, les travaux de Michel Foucault (1990) ont mis en évidence une historicité du discours sur la sexualité. Selon Foucault, il existe des régimes de contrôles sociaux qui visent à regrouper les individus, créant ainsi une norme. Foucault reconnaît les processus de contrôle à partir d'investissements sociaux massifs dans des domaines de savoir, avec des producteurs de savoir qui construisent des vérités scientifiques dans le but d'établir un bio-pouvoir sur les personnes.

Inspirée par les travaux de Foucault, Rubin (1993) distingue trois espaces sexuels : la norme, les individus contestant cette norme et les sexualités marginales. Dans la norme, la sexualité se définit par le couple composé d'un homme et d'une femme, marié, monogame avec des enfants. Le couple hétérosexuel est encouragé par la société, qui lui attribue des privilèges fiscaux et sociaux. Pour leur part, les couples formés hors du cadre du mariage et les couples de même sexe contestent la norme hétérosexuelle et les privilèges qui y sont associés. Les modifications survenues récemment et les récents jugements de la Cour suprême ont en effet réduit l'écart entre ces deux groupes, ce qui a entraîné un durcissement envers les individus du troisième groupe. Ce durcissement s'observe dans les lois, l'attitude de la société et la répression de la criminalité. Le troisième groupe, qui réunit les personnes aux pratiques sexuelles marginales, comprend les individus qui pratiquent des activités sexuelles illégales et criminelles telles que la prostitution, la pédophilie, la pédérastie. Ce dernier groupe subit une constante persécution de la part de la société et du corps médical, persécution qui se manifeste dans les lois et leur application et qui vise la mise à l'écart de ces individus, par voie d'enfermement dans un centre de détention ou un hôpital psychiatrique.

Sur le même sujet, Sedgwick (1993) a fait porter ses travaux sur la construction de l'hétérosexualité et de l'homosexualité afin de déconstruire l'hétérocentrisme et de montrer comment celui-ci se maintient et se reproduit. Les auteurs cités précédemment ainsi que le chercheur britannique Giddens (1991, 1992) parlent en termes de « centre et de périphérie », où le centre correspond à l'homme de race blanche, de classe moyenne et supérieure, d'âge moyen, hétérosexuel, marié avec des enfants, de culture anglo-saxone, en santé et mobile, tandis que la périphérie comprend les autres groupes sociaux : les femmes, les personnes à la retraite, les groupes défavorisés, les *Queers*, les groupes des minorités visibles, les personnes handicapées, etc. Dans ce même contexte, Bourdieu (1998) s'est intéressé à la langue comme outil de la lutte pour l'appropriation des ressources symboliques et matérielles de l'État par les acteurs du centre. Il a démontré comment le centre maintenait sa domination symbolique sur la périphérie et comment il se reproduisait. Par exemple, il montre comment l'école et les biens culturels jouent un rôle clé dans la reproduction sociale et culturelle de la classe au pouvoir.

Grâce à l'ensemble de ces outils théoriques, nous pourrons analyser plusieurs identités à la fois, et donc procéder à l'analyse d'une certaine jonction identitaire. Dans le cas qui nous intéresse, la jonction sexualité-âge-langue nous permet de constater que l'identité possède plusieurs facettes et que cette dernière n'est pas fixe.

Trois périodes discursives sur la problématique gaie et lesbienne et sur la francophonie

Pour faire une historicité du discours sur la jeunesse chez les gais et lesbiennes francophones en milieu minoritaire, il est nécessaire de cerner les groupes générationnels dans le corpus et ainsi de relever des thématiques communes. Toutefois, l'historicité de la jonction sexualité-langue-génération n'ayant pas été examinée auparavant, il est nécessaire, dans un premier temps, de décortiquer les marqueurs identitaires pour ainsi arriver à l'identification de périodes discursives spécifiques.

Dans *The Regulation of Desire* (1996), Kinsman cerne, entre 1939 et 1996, quatre périodes historiques en ce qui a trait à la question gaie et lesbienne au Canada : a) l'homosexualité comme menace sociale; b) la lutte pour des changements législatifs; c) la communauté gaie et lesbienne en voie de libération; d) la menace du néo-conservatisme. En ce qui a trait à l'identité linguistique, Monica Heller (2001) a noté l'existence de trois périodes discursives qui influencent la façon dont la communauté francophone minoritaire se met en discours. La première période qu'elle nomme « discours traditionnel » se caractérise par sa référence explicite aux besoins de maintenir les pratiques de reproduction sociale de la culture et de la langue françaises. Ce discours tend à soutenir une certaine résignation face à la marginalisation économique et politique de la communauté canadienne-française comme prix à payer pour assurer la survie de la langue. Vivre en français est associé à la vie de famille, alors que l'anglais l'est au succès économique. Le discours traditionnel reconnaît le besoin de s'accommoder au groupe linguistique dominant, ce qui se fait grâce aux élites. Le deuxième discours décrit par Heller, celui de la modernité, voit ses origines dans la montée du nationalisme québécois. Ce discours porte sur le rôle de l'État dans la création d'un environnement où le capital linguistique des francophones peut être reconnu à l'intérieur des structures étatiques. Le troisième discours, celui de la globalisation, est encore en cours d'émergence et constitue une conséquence directe du succès du discours précédent. L'argument principal de ce discours porte sur l'utilisation de la nation comme point de départ du succès politique et économique des francophones. Dans son analyse, Heller ne se préoccupe pas tant de l'affaiblissement de l'État-nation que de la façon dont les francophones s'ajustent au nouveau discours politique et économique. Ce discours diffère du précédent par la commercialisation de la langue.

En nous inspirant de Kinsman et de Heller, nous en arrivons à définir trois périodes discursives qui combinent la jonction identitaire sexualité-langue-génération : celle de la résistance, celle du développement et celle de l'affirmation.

Le discours de la résistance (avant 1968)

Avant 1968, comme l'a décrit Heller (2001), le discours dominant dans la communauté francophone est largement contrôlé par l'Église catholique. Ce discours traditionnel tend à considérer l'Autre, la communauté anglophone et les processus de modernisation de la société, tels que l'urbanisation, comme des menaces (Grimard, 2001). À la même époque, les gais et lesbiennes s'organisent une culture « underground » pour éviter la répression policière, juridique et médicale (Kinsman, 1996).

Pour les jeunes gais et lesbiennes occupant une position au centre, la communauté francophone s'attend de leur part à un engagement politique, ou à certaines formes de production culturelle. Comme l'indique Paul-François Sylvestre (1999) dans un essai publié dans *Écrire gai* :

> Si j'étais né francophone et hétérosexuel à Québec, c'est-à-dire en faisant partie de la majorité, je ne me serais probablement pas lancé dans l'écriture. En effet, le fait d'être membre à la fois d'une minorité linguistique et d'une minorité sexuelle me semble avoir été le moteur de mon activité littéraire (p. 124).

Ces pressions ont aussi été perçues par certains de nos participants. Dans l'extrait suivant, Marc-Antoine, un individu dans la cinquantaine issu du centre, reconnaît l'importance des pressions qu'il a subies pour reproduire les comportements attendus. Ce dernier fait partie de la petite-bourgeoisie canadienne-française. Sa mère est enseignante et son père, agriculteur. Il a été pensionnaire dans une école privée où il a acquis une culture classique sous les hospices des Frères des écoles chrétiennes. Dans ce contexte, Marc-Antoine est rapidement identifié comme un défenseur potentiel de la langue et il est ainsi recruté pour participer aux luttes linguistiques de l'époque. Comme l'indique son témoignage :

Extrait 1

> Marc-Antoine : Donc en 10ᵉ 11ᵉ 12ᵉ là c'était vraiment suivre les
> cours et tout ça puis j'étais pensionnaire et je descendais chez moi
> pour Noël... et je revenais au mois de juin mais c'est vraiment une
> fois rendu que Raynald Sanschagrain qui travaillait à l'OFO
> (organisation franco-ontarienne) et qui organisait une conférence
> consultation de la jeunesse franco-ontarienne qui allait avoir lieu à
> North Bay/ il disait on cherche des jeunes du comté de XX tu viens
> de là pourquoi que tu acceptes pas de venir/ j'ai dit ok

En ce qui concerne leur orientation sexuelle, ayant intériorisé les valeurs homophobes du discours catholique envers les minorités sexuelles (Kinsman 1996, Higgins, 1999), les jeunes gais et lesbiennes de cette période « introjettent » ce discours de répression qui va parfois jusqu'au déni de leur identité. Plusieurs de nos participants ont d'ailleurs raconté avoir réprimé, à cette époque, leur désir homosexuel (concept largement utilisé dans les études gaies et lesbiennes qui indique l'existence d'un continuum du désir jusqu'à l'acte). Pour les jeunes gais et lesbiennes du centre se référant à leur jeunesse dans les années 1960, le discours de la résistance signifie, d'une part, reprendre le flambeau de la lutte pour les droits linguistiques et, d'autre part, pour ceux qui assument leur désir homosexuel, de participer à la culture gaie « underground » au risque de subir la répression des autorités.

Quant aux individus de la périphérie, leur discours porte peu sur la question linguistique et la question gaie et lesbienne. Celui-ci, qui peut être taxé de « traditionnel », insiste plutôt sur l'importance à accorder à la famille francophone et aux valeurs chrétiennes. Cependant pour quelques individus de la périphérie, ce discours se transforme pour exprimer la peur et le désarroi devant la violence faite aux personnes gaies et lesbiennes. Julie, une de nos participantes maintenant dans la quarantaine, raconte qu'elle fut témoin, à cette époque, de plusieurs actes de violence contre un jeune gai à son école de rang, ce qui la marqua au point de n'avoir jamais voulu faire sa sortie du placard :

Extrait 2

> Julie : J'me souviens d'un incident qui s'était passé à propos d'un
> jeune qui était gai/ puis en plus de ça ça faillit dégénérer en tuerie /
> les gens de la campagne y a beaucoup de jeunes qui boivent aussi.
> Disons que t'es dans un milieu souvent dans certaines familles/
> chez nous on a pas eu ça mais dans certaines familles là/ les gens
> avaient cette tendance là donc si y avait que'que chose d'inusité
> qu'que chose de différent de leurs concepts là disons là que ça pou-
> vait être sérieux.

Julie exprime ici comment la norme sociale de l'époque reposait sur l'homogénéité du groupe social et comment ceux qui déviaient de la norme étaient sujets à la violence, ce qui rejoint les conclusions tirées par Maynard (cité dans Kinsman, 1996) dans son étude sur la violence dans la communauté gaie en milieu urbain et populaire en Ontario.

Le discours du développement (1968-1982)

Le discours du développement est fortement influencé par le discours modernisant tel que décrit par Heller (2001), qui se caractérise par l'intervention étatique dans l'aménagement linguistique du pays, par l'adoption de mesures législatives et par le financement d'institutions faisant la promotion de la langue et de la culture minoritaires. En effet, le gouvernement fédéral met en place des moyens juridiques qui permettent à la communauté francophone minoritaire de faire respecter en justice leurs droits linguistiques constitutionnels. En ce qui concerne les gais et lesbiennes, l'adoption du projet de loi omnibus permet l'éclosion d'une culture et l'organisation d'une communauté bien à eux (Kinsman, 1996). La communauté gaie et lesbienne s'organise donc pour revendiquer ses droits.

Plusieurs gais et lesbiennes du centre s'impliquent dans différents dossiers menés par la communauté francophone. La possibilité d'utiliser leur capital linguistique à travers l'action politique leur donne accès à des privilèges sociaux, politiques et économiques. Toutefois, la plupart utilise le non-dit dans leur vie publique pour cacher leur homosexualité de peur de perdre leur accès aux privilèges et au pouvoir du centre. Par exemple, certaines personnes vont divulguer à leurs amis et à leurs proches leur homosexualité et par la suite n'aborderont plus jamais le sujet. Ils choisissent de vivre une vie en parallèle dans la communauté gaie et lesbienne anglo-dominante. Comme en fait part Gisèle, une jeune femme dans la trentaine :

Extrait 3

> Gisèle : bien y'a des dossiers légaux/ des dossiers par rapport à la famille/ des dossiers d'accès au discours/ il y a tout (simplement) un nombre énorme de lesbiennes qui ont toujours été impliquées dans la communauté francophone de l'Ontario mais JAMAIS à titre de lesbiennes/ y'ont toujours été impliquées à d'autres titres

Le discours du développement tient compte de la réalité de l'époque, s'il est possible de vivre son homosexualité dans sa vie privée; il en va autrement dans la vie publique où il existe encore dans certains milieux une répression du désir homosexuel. Ainsi, les participants ont dit développer des stratégies discursives et sociales pour cacher leur orientation sexuelle.

Ce type de discours met en évidence qu'il y a un prix à payer si l'on décide de briser le silence et de s'afficher ouvertement homosexuel, ce prix étant de perdre les différents privilèges accordés aux francophones du centre. Pour vivre son homosexualité, il faut donc accepter d'occuper une place à la périphérie dans la communauté gaie et lesbienne anglo-dominante.

Les gais et lesbiennes francophones de la périphérie continuent pendant cette deuxième période à subir des formes de violence en raison de leur homosexualité. La différence cependant avec la période précédente demeure la possibilité de quitter la communauté francophone pour se joindre à la communauté gaie et lesbienne anglo-dominante maintenant existante, afin d'y trouver une forme de solidarité et un sentiment d'appartenance. On peut donc choisir de ne plus vivre dans l'isolement. C'est le cas pour certains de nos participants qui ont mentionné, en effet, avoir choisi de quitter leur village et la communauté francophone pour cette raison.

L'analyse de données en cours constate l'émergence de quatre stratégies qui visent à résoudre les problèmes associés à la fragmentation, c'est-à-dire au fait d'appartenir à plusieurs groupes à la fois. Ces stratégies, qui peuvent être utilisées seules ou de façon conjointe, sont les suivantes : a) briser le ou les tabous; b) contester le centre; c) garder le silence; d) utiliser l'implicite ou le non-dit. Les participants issus du centre semblent plus enclins à utiliser la stratégie de l'implicite, tandis que ceux de la périphérie choisissent en grande partie soit de garder le silence ou de briser le tabou.

Le discours de l'affirmation (1982 à nos jours)

En ce qui concerne le discours de l'affirmation, ce dernier se construit en deux temps. Le premier temps se situe après l'adoption de la Charte des droits de la personne et les jugements de la Cour suprême qui assurent une protection légale contre la discrimination envers la communauté gaie et les-bienne. Le contexte juridique favorise une lutte juridique qui donne peu à peu aux gais et lesbiennes les mêmes droits que ceux réservés aux hétérosexuels. La question gaie et lesbienne se retrouve dans les médias, ce qui tend à changer les perceptions sociales envers les homosexuels. Pour les gais et les lesbiennes, la protection juridique offerte par la charte leur permet d'afficher leur orientation sexuelle publiquement, il devient alors plus facile — même si certaines contraintes demeurent — de sortir du placard et de se dire gai ou lesbienne. Le deuxième temps se situe au début des années 1990 avec la crise des finances publiques, où le discours globalisant sur la question linguistique prend de plus en plus de place dans la communauté francophone. Le désinvestissement de l'État dans les institutions francophones provoque une remise en question de leur rôle mais surtout de leur survie (Heller, 2001). Plusieurs organismes vont graduellement s'orienter vers une mise en marché de la langue et de la culture francophones, ce qui se traduit dans certains cas par une commodification de la langue dans le but de s'ajuster à la nouvelle éco-nomie. Par exemple, la société de développement économique de la région de Sudbury en partenariat avec le collège Boréal mise sur le capital linguistique bilingue de la région pour développer le secteur des centres d'appel.

Par rapport à la question gaie et lesbienne, Murielle, participante dans la vingtaine, qui assume son identité sexuelle depuis longtemps et écrit déjà pour un public lesbien, nous fait part d'une instance où elle s'est retrouvée en situation de conflit avec un organisme de promotion culturelle à ce sujet :

Extrait 4

> Murielle : bien je me suis complètement exilée d'une activité
> culturelle franco-ontarienne /parce qu'il y a deux ans je crois ou
> trois ans/ ils avaient omis un mot dans ma biographie puis c'était le
> mot « lesbienne » et j'ai rouspété puis ça a fait une grosse histoire/
> et tout le monde était mécontent /mais/ils n'ont pas bougé là-
> dessus. C'était évident je veux dire ils ont laissé le mot « séfarade »
> là-dedans/ ils ont laissé d'autres mots mais le mot lesbienne c'est le
> mot clé qu'ils ont décidé d'éliminer.

Murielle perçoit ses identités multiples comme faisant partie d'un tout,
comme étant authentiques, lui donnant ainsi une crédibilité auprès de ses différents lecteurs. L'omission du mot « lesbienne » dans sa biographie est d'une
part un rejet social de son orientation sexuelle et, d'autre part, un frein à la
commercialisation de la littérature lesbienne, auprès du public francophone.

Dans cette période de l'affirmation, on constate deux choses. D'une part,
on assiste à la reconnaissance de la communauté gaie et lesbienne par le
public en général, bien que certains préjugés soient maintenus, et, d'autre
part, on est témoin d'une commercialisation de la culture et de la communauté gaie et lesbienne qui s'accompagne d'un processus de segmentation de
cette même communauté. On est maintenant en présence de sous-groupes
tels que les SM, Bears, Dyke, Circuit boy, etc. (Signorile, 1998). Il peut donc
s'avérer plus difficile, dans ces conditions, pour un jeune gai ou une jeune
lesbienne de s'intégrer à la communauté gaie et de s'y trouver facilement une
place. Comme le mentionne Julien, un jeune dans la vingtaine :

Extrait 5

> Julien : j'ai pas sorti souvent jusqu'à présent que t'sais j'veux dire/
> c'est peut-être juste une idée que je me fais / je trouve que certains
> bars dans le fond c'est quasiment des markets/ t'sais là ça te
> regarde de la tête aux pieds pis that's it.

Conclusion

Le corpus, bien qu'assez limité, suggère néanmoins l'existence de traces
d'historicité du discours identitaire chez les jeunes gais et lesbiennes en
milieu francophone minoritaire, que cette historicité semble reposer sur trois
discours portant sur la jonction âge-langue-sexualité : le discours de la résistance, celui du développement et celui de l'affirmation. Dans le premier cas,
le discours identitaire chez les personnes occupant la position du centre
repose sur l'objectif de la reproduction sociale et culturelle où l'identité
sexuelle est niée. Par contre, pour ceux de la périphérie, le discours sur la
langue est mitigé et plus centré sur les conditions de vie et la famille, tout en
reconnaissant la violence faite aux gais et lesbiennes. Le second discours,
celui du développement, se caractérise par l'adoption dans la communauté

francophone d'un discours modernisant qui repose sur le rôle de l'État dans l'aménagement linguistique du pays. Pour les gais et lesbiennes, l'adoption de la loi omnibus permet de son côté la mise sur pied d'une communauté gaie et lesbienne. Cependant, les gais et les lesbiennes francophones du centre doivent maintenir une double vie pour conserver leur accès aux privilèges sociaux, politiques et économiques, tandis que ceux de la périphérie conti-nuent d'être victimes de la violence générée par l'hétérosexisme de la communauté francophone. Ces derniers peuvent cependant choisir de quitter la communauté francophone pour s'intégrer à la communauté gaie et lesbi-enne anglo-dominante, dans le but d'y trouver solidarité et protection. Finale-ment, le troisième discours, celui de l'affirmation, se définit par la protection juridique des gais et lesbiennes et leur capacité d'affirmer leur orientation sexuelle ainsi que par une commercialisation de la culture et de la commu-nauté gaie et lesbienne.

BIBLIOGRAPHIE

BOURDIEU, Pierre (1998), « Quelques questions sur le mou-vement gai et lesbien », dans *La domination masculine*, Paris, Seuil, coll. « Liber », p. 129-134.

ESSES, Victoria M. et R C. GARDNER, « Le multicultura-lisme au Canada : contexte et état actuel ». Site Internet : <http://www.cpa.ca/cjbsnew/1996/ful_editof.html>, dernière mise à jour 3 avril 2001.

FOUCAULT, Michel (1990), *The History of Sexuality: An Introduc-tion*, vol. 1, New York, Vintage Books.

GIDDENS, Anthony (1991), *Modernity and Self-Identity: Self and Society in the Late Modern Age*, Stanford, Stanford University Press.

GIDDENS, Anthony (1992), *The Transformation of Intimacy : Sexuality, Love and Eroticism in Modern Societies*, Stanford, Stan-ford University Press.

GRIMARD, Marcel et LABRIE, Normand (1999), « Silence, taboo

and implicitness », *Lavender VII*, Washington, septembre.

GRIMARD, Marcel (2001), « P'tit Sissi author Paul-François Sylvestre's double identity is reflected in his latest novel », *Fab Magazine*, n⁰ 155, janvier 4-17, p. 12.

HELLER, Monica (2001), « Cri-tique and sociolinguistic analysis of discourse », *Critique of Anthro-pology*, vol. 21, n⁰ 2, p. 117-141.

KINSMAN, Gary (1996), *The Regulation of Desire*, Montreal, Black Rose Books.

RADIO-CANADA (2001), « Vision d'un héritage ». Site Internet <http://radio-canada/actua-lité/lepoint/29/trudeau/points-saillants.html>, dernière mise à jour 3 avril 2001.

RICH, Adrienne (1993), « Com-pulsory heterosexuality and les-bian experience », dans Henry ABELOVE, Michèle Aina BARALE et David HALPERIN (dir.), *The Les-bian and Gay Studies Reader*, New York, Routledge, p. 227-254.

RUBIN, Gayle (1993), « Think-ing sex : Notes for a radical theory of the politics of sexuality », dans Henry ABELOVE, Michèle Aina BARALE et David HALPERIN (dir.), *Lesbian and Gay Studies Reader*, New York, Routledge, p. 3-44.

SEDGWICK, Eve Kosfsky (1993), « Epistemology of the closet », dans Henry ABELOVE, Michèle Aina BARALE et David HALPERIN (dir.), *The Lesbian and Gay Studies Reader*, New York, Routledge, p. 45-61.

SIGNORILE, Michelangelo (1997), *Life Outside*, New York, Harper Perennial.

SYLVESTRE, Paul-François (1999), « Vingt ans de chemine-ment », dans Pierre SALDUCCI (dir.), *Écrire gai*, Montréal, Stanké, p. 123-135.

VAN HEACHT, Anne (1990), *L'école à l'épreuve de la sociologie*, Bruxelles, Presses universitaires De Boeck Université, coll. « Ouvertures sociologiques ».

NOTE

1. Le projet « Prise de parole » est financé par le Conseil de recherches en sciences humaines du Canada. Les chercheurs principaux sont les suivants : Normand Labrie et Monica Heller, Université de Toronto; Jürgen Erfurt, Johann-Goethe Universität, Frankfurt am Main; collaboratrices : Annette Boudreau et Lise Dubois, Université de Moncton. Il est aussi financé par Transcoop : la fondation académique américano-allemande (chercheurs principaux : Jürgen Erfut, Monica Heller et Normand Labrie) et l'AUPELF-UREF (chercheurs principaux : Patrice Brasseur et Claudine Moïse, Université de la région d'Avignon et du Vaucluse, et Rada Tirvassen, Institut mauricien de l'éducation).

LES REPRÉSENTATIONS LINGUISTIQUES DES JEUNES ÉCRIVAINS DU SUD-EST DU NOUVEAU-BRUNSWICK ET LEUR IMPACT SUR LA LITTÉRATURE ACADIENNE

Mireille McLaughlin
Université de Moncton

Ce texte porte sur l'analyse des représentations linguistiques des jeunes écrivains du Sud-Est du Nouveau-Brunswick[1]. Je combinerai les domaines de la littérature et de la sociolinguistique, en effectuant une analyse du contenu du discours tant dans les corpus littéraires que dans les entretiens sociolinguistiques. Je me pencherai sur le rôle qu'ont joué les jeunes écrivains du Sud-Est du Nouveau-Brunswick quant à la valorisation des variétés régionales du français. Je décrirai brièvement ce registre pour ensuite faire un survol de la question linguistique et identitaire dans la littérature acadienne, et je conclurai sur l'apport de la jeunesse littéraire acadienne quant à la réflexion sur la variation linguistique en Acadie. Cet apport s'articule autour de trois événements : premièrement, la quête d'une légitimité linguistique pour le français régional; deuxièmement, l'affirmation de soi et d'une certaine Acadie passant par le registre régional; enfin, le dépassement ou l'inscription de l'identité dans une vision plus mondialisante.

Que dire des représentations linguistiques d'un groupe de jeunes poètes du Sud-Est du Nouveau-Brunswick ? Premièrement, et j'insiste là-dessus, le rapport à l'identité linguistique n'est qu'une seule des nombreuses facettes qui composent l'identité qui est, comme on peut s'y attendre, plurielle. Deuxièmement, rappelons les paroles de François Paré qui remarque qu'en milieu minoritaire « le rôle de l'écrivain est ouvertement politique, bien que cette appartenance ne soit pas toujours souhaitée. Le geste politique de l'écrivain est souvent, qu'il / elle le veuille ou non, revendiqué par les lecteurs eux-mêmes qui rappellent ainsi l'exercice du langage à ses attaches dans le pouvoir[2] ». Puisque les Acadiens partagent le pouvoir politique avec une majorité anglophone, l'art et la littérature deviennent un lieu privilégié de l'expression de la culture, un lieu où l'on peut agir sur l'identité collective. L'influence des écrivains et des éditeurs déborde du cadre de la littérature et investit le politique. Voilà pourquoi je me suis intéressée à un groupe d'écrivains qui gravitent autour d'un centre culturel et qui contribuent à la construction identitaire francophone dans leur région. Ici, j'analyserai plus précisément le rôle qu'ont joué les écrivains nés depuis les années 1970 sur la valorisation de la variété régionale du français, à la lumière du modèle des représentations linguistiques tel qu'élaboré par Louis-Jean Calvet[3] et des marchés linguistiques tels que définis par Bourdieu[4].

Les représentations linguistiques : un facteur de changement

Dans *Pour une écologie des langues du monde*, Louis-Jean Calvet explique l'importance de l'étude des représentations linguistiques[5]. Selon lui, l'étude de la variation linguistique ne peut s'effectuer sans prendre en compte les représentations linguistiques, puisque ces dernières sont le moteur de la variation même. Dans le domaine de la sociolinguistique, l'étude de représentations linguistiques s'est souvent effectuée en tenant compte du concept d'insécurité linguistique que Pierre Bourdieu définit comme étant le résultat d'une domination symbolique. Selon Bourdieu, les locuteurs souffrant d'insécurité linguistique soumettent, consciemment ou inconsciemment, les aspects stigmatisés de leur prononciation, de leur lexique et de leur syntaxe à des corrections, ponctuelles ou durables[6]. Selon Calvet, l'insécurité linguistique peut se présenter à l'égard du statut de la langue, de son corpus ou de ses fonctions identitaires[7]. Aussi tout locuteur est-il en quête de légitimité linguistique. Cette quête serait à l'origine du changement linguistique, soit par stabilisation ou par substitution. Dans un cas, on élargit les domaines d'utilisation d'une langue et on modifie son statut, alors que dans l'autre, les locuteurs s'approprient des codes linguistiques qui ont plus de valeur sur le marché linguistique[8]. Nous nous proposons d'examiner comment s'effectue la quête de légitimité linguistique des jeunes écrivains du Sud-Est du Nouveau-Brunswick.

La situation linguistique du Sud-Est du Nouveau-Brunswick : les variétés régionales

Les locuteurs du Sud-Est du Nouveau-Brunswick naviguent quotidiennement entre plusieurs registres linguistiques. Ils passent facilement du français international à une variété régionale du français que l'on nomme chiac. Celui-ci se caractérise par l'incorporation, dans une matrice française, de termes anglais et de termes considérés comme archaïques en français international[9]. Le chiac est reconnu comme étant une variété linguistique représentative de l'usage linguistique de la communauté du Sud-Est du Nouveau-Brunswick. Bien qu'il ait ainsi une fonction identitaire, le chiac est un code linguistique dépourvu de statut reconnu. Il est généralement dévalorisé par la communauté francophone du Nouveau-Brunswick qui le considère comme étant moitié anglais, moitié français – un langage abâtardi et contaminé, du charabia et autres épithètes du genre. Pire encore, les locuteurs du chiac le vivent souvent comme un signe d'assimilation à la majorité anglophone et d'aliénation. Ils se le représentent souvent comme un phénomène récent, conséquence de l'urbanisation massive des Acadiens depuis les années 1940. Pourtant, nous en avons trouvé une description dans un texte québécois datant de 1914 :

> Nos frères Acadiens ont une autre habitude, fruit encore de leur contact intime avec les Anglais : celle de mêler des mots anglais aux mots français quand ils conversent. Ainsi, ils commenceront la phrase par *well, but,* ou la continueront par *because* et entremêleront de tout petits mots comme *right*, etc., sans que pour cela, cependant, la construction française en soit atteinte[10].

On constate donc que les emprunts linguistiques à l'anglais ne sont ni récents, ni liés exclusivement à l'urbanisation.

En outre, les discours produits par les journaux, le système scolaire et le milieu littéraire ont une influence directe sur les représentations de la langue parlée en Acadie. Alors que les médias et le système scolaire privilégient une vision normative et unifiée de la langue française, la littérature pose la question de la légitimité des variétés régionales. Les théories de Bourdieu sur le marché linguistique permettent de rendre compte des enjeux de pouvoir et de légitimation auxquels se heurtent les écrivains du Sud-Est dans l'acte d'écriture littéraire. Dans *Ce que parler veut dire*, Bourdieu souligne que « les locuteurs dépourvus de la compétence légitime se trouvent exclus en fait des univers sociaux où elle est exigée, ou condamnés au silence[11] ». En effet, les entretiens révèlent un tiraillement entre le désir d'accès aux marchés littéraires reconnus comme légitimes, en l'occurrence celui de la France et du Québec, et le marché littéraire régional, perçu comme lacunaire à bien des égards. Comme nous le verrons, l'utilisation du français régional a un sens double : elle permet de contester les préjugés de la société acadienne à l'égard du chiac et de remettre en question l'emprise du français normatif dans la littérature francophone.

Survol de la question linguistique dans la littérature acadienne

Pour cette étude, nous avons analysé deux types de corpus. Tout d'abord, nous avons étudié un corpus littéraire, composé de huit recueils de poésie écrits par Marc Arseneau, Marc Poirier, Christian Brun, Mario LeBlanc, Mathieu Gallant et Daniel Omer LeBlanc. Dans ces textes, nous avons porté attention à l'emploi de la variation linguistique ainsi qu'aux commentaires au sujet des langues. D'autre part, nous avons eu des entretiens interactifs[12] avec huit acteurs sociaux engagés dans le milieu littéraire acadien. Nous avons privilégié les entretiens interactifs parce qu'ils permettent aux locuteurs interviewés de schématiser eux-mêmes les problématiques qui les intéressent et à l'intervieweur d'approfondir les sujets qui l'intéressent. Nous avons soulevé et analysé tous les commentaires épilinguistiques présents dans ces entretiens.

Pour mieux situer ce que nous entendons par « jeunes écrivains », nous avons délimité trois générations d'écrivains d'après leur âge et la date de leurs premières publications. La première génération est constituée des pionniers de la littérature acadienne moderne, Antonine Maillet et Régis Brun, qui publièrent leurs premiers romans en 1958 et 1974 respectivement. Les écrivains faisant partie de la deuxième génération sont ceux qui ont publié leurs premiers livres après l'ouverture de la première maison d'édition en Acadie, les Éditions d'Acadie, en 1971 : Raymond Guy LeBlanc, Guy Arsenault, Herménégilde Chiasson, Ulysse Landry, Gérald LeBlanc, France Daigle, Rose Després, Dyane Léger, etc. Quant au groupe qui fait l'objet de la présente étude, celui des « jeunes écrivains », il se compose de ceux qui sont nés depuis les réformes législatives de 1969 qui ont officialisé le bilinguisme au Nouveau-Brunswick. Ces jeunes ont aujourd'hui entre vingt et trente ans. Il s'agit de Marc Arseneau, Marc Poirier, Christian Brun, Mario LeBlanc, Mathieu Gallant et Daniel Omer LeBlanc. Ils ont tous publié aux Éditions Perce-Neige, maison d'édition qui se spécialise dans la fiction et la poésie (et ce, pour combler une lacune présente chez les autres maisons d'édition en Acadie). Nous tenons à souligner en outre que tous ces écrivains se connaissent, puisqu'ils fréquentent tous les mêmes établissements du milieu artistique monctonien : galeries d'art, centre culturel et cafés.

Nous observerons l'impact que ces derniers ont eu sur les représentations linguistiques liées au français acadien. Aussi, quand nous parlerons d'évolution des représentations, nous limiterons-nous à l'évolution des représentations des jeunes écrivains, c'est-à-dire à l'intérieur d'un laps de dix ans depuis leurs premières publications en 1991 jusqu'au dernières en l'an 2000.

Le chiac a fait son entrée dans le corpus littéraire avec la parution d'*Acadie Rock*[13] de Guy Arsenault en 1973. À cette époque, il y eut un éveil culturel en Acadie et une génération entière d'écrivains et d'acteurs sociaux engagés – que l'on pense à Melvin Gallant, à Herménégilde Chiasson et à Gérald LeBlanc – a déployé des efforts tenaces pour assurer l'implantation d'infrastructures permettant de publier en Acadie. Chiasson a fréquemment souligné l'importance de ce geste, en affirmant que le discours culturel devait émaner d'Acadie et être géré en Acadie et non ailleurs : « Je ne crois pas que les Québécois attendent les Québécois qui sont en France ou en Floride ou en Californie pour formuler une idée de leur destin, pour nous cela devrait être la même chose. [...] Le débat qui est posé actuellement affirme la nécessité d'une conscience qui origine à partir d'ici, car il est illogique que la conscience de l'Acadie émane de l'extérieur[14]. » Grâce aux efforts de cette génération, les conditions nécessaires à la constitution d'une littérature existent depuis les années 1970 : maisons d'édition, lectorat, études littéraires acadiennes à l'Université de Moncton, etc. Enfin, les institutions littéraires ont donné aux jeunes littéraires du Sud-Est un espace discursif où gérer leur identité linguistique doublement minoritaire par rapport à l'anglais et au français normatif; en somme, un espace où revendiquer la légitimité du chiac en affirmant : « ce n'est pas comme vous le pensez ».

Prenons l'exemple de l'un de ces jeunes écrivains qui affirme la légitimité de la variation linguistique en s'appuyant sur l'exemple du quartier du Bronx à New York. Il pose la variation linguistique comme source de créativité :

L2   quoi-ce que tu penses du monde qui juge le monde à cause qu'ils parlent chiac

L1   ben c'est de l'ignorance ben quoi-ce tu veux dire / comme qui juge quoi

L2   ben *basically* qui considère que parler chiac c'est mal parler comme

L1   euh

L2   ou moi je l'ai entendu comme

L1   ah oui oui ah il y a plein de monde qui disent ça / *basically* c'est / tu sais / ils ont le droit à leur opinion / pour sûr que / si qu'ils recherchent à ce que le chiac soit le français standard ben ça va // ils vont devenir frustrés parce que c'est pas / c'est pas / c'est pas ça que c'est / c'est / tu sais c'est comme / je sais pas moi / arriver à New York / pis tu sais / aller sur / je sais pas moi / aller euh // dans *the Bronx* pis tu sais commencer à dire / *well the way you people talk is no good* / *but* en même temps tu sais ils vont *probably* être les premiers à comme à *groové* à tchèque (quelque) *rap tune* qu'est comme constamment en train / tu sais le *rap* est constamment en train de réinventer la façon que l'anglais est parlé[15].

Dans les entretiens recueillis, les auteurs insistent sur la nécessité de l'action littéraire pour l'expression de la culture. Comme nous l'avons mentionné plus haut, tous les recueils de la jeunesse littéraire acadienne ont été publiés aux Éditions Perce-Neige, ce qui rattache ces auteurs à un héritage littéraire spécifique : publier chez Perce-Neige, c'est publier en français en Acadie, c'est agir pour la continuité de la littérature francophone au Nouveau-Brunswick. Et en passant par l'institution littéraire acadienne, ils s'insèrent dans un réseau social spécifique; c'est là une filiation dont sont très conscients ces jeunes auteurs, qui dédient des poèmes à Herménégilde Chiasson, à Guy Arsenault et à Gérald LeBlanc. Les jeunes écrivains savent donc dans quel discours identitaire ils s'inscrivent. Cependant, leur utilisation du français régional comme d'une langue littéraire est innovatrice. Pourquoi ont-ils choisi de le faire ? Probablement parce qu'écrire en français vernaculaire, c'est rejeter à la fois la domination culturelle anglo-américaine et la domination linguistique de l'idéologie centralisante du français standard.

Affirmation d'une contre-légitimité – revendication

Marc Poirier (1991) est, longtemps après Guy Arsenault (1973), un des premiers écrivains à faire une utilisation intense du chiac. Poirier est probablement le plus revendicateur des jeunes poètes quant à l'acceptation de la variation. Premièrement, chez lui, l'affirmation de soi passe par la différenciation, comme dans le poème « being something[16] » :

being something

parce qu'un Blanc
peut pas   être Noir
                   un Blanc
                   un Indien

parce qu'un Anglais
peut pas   être Français
                   un Québécois
                   un Acadien

prenez pas la peine
de vous déguiser
ça se spot
pas mal de loin

Il y a donc, dans l'utilisation du français régional, une quête d'authenticité. Ce français a une fonction identitaire forte. D'ailleurs chez Poirier, il est beaucoup question d'un bouillonnement culturel qui passe par la langue. Le poème « ballad of a thin man part two[17] », dans lequel il est question du maire Jones, reconnu pour son opposition farouche au bilinguisme à Moncton vers la fin des années 1960, en est un bon exemple :

ballad of a thin man part two

crie tes croyances
chie tes mots bilingues
sur cette ville d'édifices sombres
qui semble vouloir
s'effondrer sur toi
avant que tu peuves
nous bailler ta voix
[...]
something is happening here
and you still don't know what it is
do you
Mr. Jones ?

Pour Poirier, donc, la reconnaissance du peuple minoritaire passe par la reconnaissance des gens qui parlent avec des « mots bilingues », en opposition au discours dominateur de Len Jones. Dans le poème « la scene[18] », Poirier affirme aussi la légitimité du chiac face à la norme du français standard :

la scene

uh-oh
quosse je vas faire
i guess j'ai fait honte aux dictionnaires
pis je mérite une terrible de punition
pour avoir commis un acte de trahison
[...]
but hey uh-oh-hey
as if ça va me déranger
toutes ces attaques
d'insécurité
parce que je crois plus
aux idées d'évolution
qu'aux idées de haine et de séparation
parce que cecitte
ma chère
cecitte c'est la scene
y'a juste moi pis toi
and some flags
in between.

La quête de légitimité lancée par Poirier fut reprise par Marc Arseneau, qui, après avoir publié un recueil en 1991, sans utiliser le chiac, en publia un deuxième en 1998, *L'éveil de Lodela*, dans lequel il utilise le chiac comme langue littéraire. Dans ce recueil, l'affirmation identitaire passe par la reconnaissance de la langue régionale. Dans un poème intitulé «Turtle Creek Shuffle[19] », Arseneau fait ainsi le lien entre la langue et la cause acadienne :

Turtle Creek Shuffle

la cause nous tient aller
flippons la side de la recording
sur la turn table automatique
[...]
cé youssé j'ai
appris à parler
à Nigadoo
à Kouchibouguac
avec le vent du sud-est
dehors la tempête s'ébat
temps se fait sorta gris
tant qu'à ça j'imagine
Beausoleil à Beauséjour
comme ça je signe
mon nom

Au même moment (c'est-à-dire en 1996 et en 1998), Christian Brun publiait deux recueils : *Tremplins*[20] et *Hucher parmi les bombardes*[21]. Chez cet écrivain, l'emploi du registre chiac est tout à fait incorporé dans le processus littéraire. Dans *Tremplins*, qui est un recueil écrit au cours d'un voyage, l'emploi de la variation linguistique est contextuel : en Grèce, il écrit en français standard; à Madrid, il glisse quelques hispanismes dans ses poèmes; à Moncton, il compose généralement en chiac, sauf quand il dédie un poème à Herménégilde Chiasson (sans doute parce que Chiasson écrit lui-même toujours en français soutenu). De plus, son utilisation du chiac, en plus d'être contextuelle, est très littéraire. Le rythme et la rime de sa poésie s'appuient sur l'emploi de la variété régionale, comme dans cet extrait du poème « Compost[22] » :

Compost

le pays que je charrie
je le nommerai
mama mia
chiac qui craque
right on pis so what
le pays d'étrangetés et d'étrangers
comme si je tranchais ma propre brise.

On retrouve chez Mario LeBlanc la même quête d'affirmation par la langue que chez Marc Arseneau. Dans son recueil *Taches de naissance*[23], publié en 1999, le français est principalement oral, c'est-à-dire chiac, puisqu'il n'y a que quelques poèmes qui soient entièrement en français standard. L'identité acadienne est la principale source d'inspiration de l'auteur. La revendication de la valorisation de l'identité acadienne passe par l'existence du chiac, comme dans le poème : « Rouler nos r » :

Rouler nos r

c'est vrai qu'on roule nos r
mais le chiac c'est du rock
pis le rock ça roule

Ce poème est suivi immédiatement du poème « Reverb[24] », où la fierté acadienne est liée à l'acquisition d'un niveau de langue soutenue et donc légitime:

Reverb

j'ai rêvé un rêve
un rêve fou
un rêve grammaticalement fou
on marchait la tête haute
dans une ville bien lignée
on marchait comme des virgules

qui sautaient à la bonne place
dans les phrases
on marchait comme des points
qui terminaient chaque paragraphe
on vivait en accord
avec le sujet de notre vie
on vivait dans un mode
on vivait dans le temps
conjugué à l'auxiliaire être
dans une ville
de LeBlanc, de Cormier, de Gallant
je suis
tu es
il est
nous sommes...

Chez Mathieu Gallant et Daniel Omer LeBlanc, les derniers auteurs à publier chez Perce-Neige, la question de la langue est à peine présente. Tout se passe comme si la question identitaire reliée à l'appartenance linguistique, après avoir été posée et légitimée, était dépassée. En effet ces deux écrivains se penchent sur des thèmes beaucoup plus mondialisants : la notion du temps, l'écologie et la société de consommation. Chez les deux auteurs, cependant, la question ethnique reste pertinente. Prenons l'exemple du poème « Cris de terre[25] » (titre repris à Raymond Guy LeBlanc) de Mathieu Gallant où il est question d'une forêt violée (jadis vivante et resplendissante), « coupée à ras », où il ne reste qu'un seul arbre qui « ne servira pas de papier de toilette / au premier ministre... ». En se concentrant sur des thèmes comme l'écologie, en inscrivant l'identité acadienne en opposition à la société de consommation, Gallant part du régional pour expliquer et explorer des réalités mondiales.

Conclusion

Il va sans dire aussi que l'apparition de la langue régionale dans le domaine de la composition littéraire, en poésie comme pour les paroles de chansons, a créé un débat au Nouveau-Brunswick. Comme le remarque un écrivain interviewé à propos du rapport entre le choix de registre linguistique et la langue :

L1   Ça se passait pas au niveau de la langue ça se passait juste au niveau de quoi-ce qui sortait. Il n'y avait pas de comme : ok, celle-citte ça va être en anglais, celle-citte ça va être en chiac celle-citte, va être en français. C'était juste *whatever* qui sortait. Les journalistes souvent nous demandaient : « vous chantez en chiac. Pourquoi vous faites le choix de chanter en chiac ? » Pis tu sais, la question revient toujours là. Il y a du monde c'est comme « ah wow », pis il y a d'autre monde c'est comme, tu sais, « c'est pas un bon choix ». Pour nous-autres c'est pas un affaire de choix. C'est juste, des fois ça sort de même[26].

« Des fois ça sort de même », parce que telle est la réalité du Sud-Est du Nouveau-Brunswick : les locuteurs naviguent quotidiennement de l'anglais au français, du français international au chiac. Ce comportement se transpose donc naturellement dans les œuvres locales. Le locuteur rejette donc la notion du choix pour mettre l'accent sur son droit d'expression personnelle et partant, sur le droit d'expression de tous les locuteurs de cette langue. Après tout, comme le remarque Monica Heller[27], les choix de registres peuvent être des actes politiques. La légitimation littéraire de la langue régionale a donc permis aux écrivains d'affirmer leur identité linguistique face à la multiplicité des identités dans un contexte de mondialisation, surtout face au français « soutenu » et à l'anglais. Dans le corpus littéraire, les jeunes écrivains jouent avec la composante identitaire de la langue pour influer sur les représentations de cette langue, tant sur le plan du statut que sur le plan de la forme écrite. En l'employant dans leurs textes, ils lui donnent une légitimité comme langue écrite, et en l'employant en littérature, ils lui accordent une fonction prestigieuse qui a un impact sur son statut.

Ma dernière remarque portera sur la filiation littéraire de l'utilisation du chiac dans le corpus littéraire acadien : de tout temps, la littérature s'est organisée en contre-courant. L'emploi du chiac en littérature implique donc une inscription dans le marché littéraire francophone – c'est celui-ci que l'on remet en question pour y acquérir une place, un espace. Bref, écrire en chiac, s'est s'affirmer francophone, mais francophone d'un lieu précis.

NOTES

1. Cette recherche s'inscrit dans le cadre du projet *Prise de parole II*, prolongement de *Prise de parole I*, qui étudiait la construction discursive de l'espace francophone en milieu minoritaire.

2. François Paré, *Les littératures de l'exiguïté*, Hearst, Le Nordir, 1992.

3. Louis-Jean Calvet, *Pour une écologie des langues du monde*, Paris, Plon, 1999.

4. Pierre Bourdieu, *Ce que parler veut dire. L'économie des échanges linguistiques*, Paris, Fayard, 1982.

5. Calvet, *Pour une écologie des langues du monde*, p. 144-182.

6. Pierre Bourdieu, *Ce que parler veut dire. L'économie des échanges linguistiques*, Paris, Fayard, 1982, p. 38.

7. Le statut de la langue a trait à sa reconnaissance en tant que langue. Ainsi, des locuteurs en situation d'insécurité statutaire peuvent considérer que leur langue « n'est pas une langue ». L'insécurité linguistique à l'égard du corpus porte sur la légitimité des formes linguistiques. Un de nos locuteurs, par exemple, nous dit : « Il y a des gens qui vont prononcer juste [jysk] pis il y en a d'autre qui vont le prononcer correctement ». La fonction identitaire est lié au sentiment d'appartenance linguistique du locuteur à sa communauté linguistique.

8. Bourdieu, *Ce que parler veut dire*, p. 38.

9. Marie-Ève Perrot, « Aspects fondamentaux du métissage français / anglais dans le chiac de Moncton (Nouveau-Brunswick, Canada) », thèse de doctorat, Université de la Sorbonne nouvelle, Paris III, 1992.

10. J.E. Prince, « Après une course en Acadie », *Parler français au Canada*, vol. XII, Québec, 1913-1914, p. 50.

11. Bourdieu, *Ce que parler veut dire*, p. 42.

13. Jacques Bres, « L'entretien et ses techniques », dans Louis-Jean Calvet et Pierre Dumont (dir.), *L'enquête sociolinguistique*, Paris, L'Harmattan, 1999. Selon Bres, si « l'interaction est la réalité première de toutes les pratiques langagières, alors elle est également le seul lieu d'authenticité de la parole ». En situation d'entretien interactif, l'intervieweur participe comme

locuteur à part entière dans l'interaction, afin de stimuler la discussion.

13. Guy Arsenault, *Acadie Rock*,
Moncton, Éditions d'Acadie, 1973.

14. Herménégilde Chiasson,
« Table ronde sur l'identité et la
création culturelles en Acadie »,
Revue de l'Université de Moncton,
vol. 27, nᵒ 2, 1994, p. 207-227.

15. Corpus personnel : M-02-04.

16. Marc Poirier, *Avant que tout' disparaisse*, Moncton, Éditions Perce-
Neige, 1991, p. 38.

17. *Ibid.* p. 28.

18. *Ibid.* p. 31.

19. Marc Arseneau, *L'éveil de
Lodela*, Moncton, Éditions Perce-
Neige, 1998, p. 52.

20. Christian Brun, *Tremplins*,
Moncton, Éditions Perce-Neige,
1996.

21. Christian Brun, *Hucher parmi les
bombardes*, Moncton, Éditions
Perce-Neige, 1998.

22. *Ibid.*, p. 45.

23. Mario Leblanc, *Taches de naissance*, Moncton, Éditions Perce-
Neige, 1999.

24. *Ibid.*, p. 24.

25. Mathieu Gallant, *Transmigra-
tion*, Moncton, Éditions Perce-
Neige, 2000, p. 16.

26. Corpus personnel, M-02-04.

27. Monica Heller, « Langue et identité : l'analyse anthropologique du
français canadien », dans Jürgen
Erfurt (dir.), *De la polyphonie à la
symphonie : méthodes, théories et faits de
la recherche pluridisciplinaire sur le français au Canada*, Leipzig, Frankreich-
Zentrum, Institut français, Leipziger
Universitätsverlag, 1996, p. 19-37.

FRANCOPHONIES
D'AMÉRIQUE

LES VOIX NOCTURNES : MODES DE REPRÉSENTATIONS DE LA CITÉ DANS LA POÉSIE ACADIENNE CONTEMPORAINE

Isabelle Cossette, Université de Moncton,
et Manon Laparra, Université de Paris X, Nanterre

Depuis le début des années 1990, la littérature acadienne a pris un tournant bien particulier : concentrés sur l'écriture poétique, les écrivains de la relève explorent des thématiques spécifiquement urbaines, axées sur l'idée constante d'un mouvement précipité, d'une fuite, d'un *trip*. Ce groupe d'auteurs se distingue par sa grande homogénéité, qu'il s'agisse de leur âge, du choix de résidence, de leurs influences littéraires ou musicales.

Nous proposons ici d'explorer le corpus exhaustif des publications de ces jeunes auteurs depuis 1990, afin d'examiner les diverses facettes de cette fascination pour la ville noctambule, et nous tenterons de cerner l'imaginaire qui préside au processus même de la création poétique, telle qu'elle est perçue par les écrivains[1].

Par poésie acadienne contemporaine, nous entendons traiter uniquement ici d'un mouvement bien spécifique, parfois nommé « l'école d'Aberdeen » (du nom du centre culturel francophone de Moncton), et qui est en fait constitué de jeunes écrivains de vingt à trente ans environ et ayant publié un ou plusieurs recueils depuis 1990. Parmi ceux de trente ans, et à titre indicatif, nous pouvons nommer Marc Arseneau qui a publié *À l'antenne des oracles* en 1992 et *L'éveil de Lodela* en 1998; Christian Brun, qui a publié deux recueils depuis 1995; Frederic Gary Comeau, qui possède cinq publications à son actif depuis le début de la décennie, ou encore Marc Poirier, auteur de *Avant que tout' disparaisse* (1993). Chez les plus jeunes, entre vingt et vingt-cinq ans, ci-tons Éric Cormier, Mario Leblanc, Cindy Morais, Matthieu Gallant et Christian Roy. Tous vivent à Moncton, tous se connaissent et évoluent dans les mêmes groupes, ce qui renforce encore plus, sans doute, la cohésion thématique de leurs écrits. Ceux-ci sont réunis autour de notions telles que l'*underground* et son cortège de rythmes, de paradis artificiels, de désirs d'évasion et mêlent références françaises et nord-américaines.

Nous avons exclu de notre corpus certains poètes plus âgés, tels que Mario Thériault ou Martin Pitre (aujourd'hui décédé), qui bien qu'ayant publié pendant les années 1990, ne se sentent pas forcément concernés par cette urbanité de l'écriture, ou du moins, en ont une perception différente, d'autant plus qu'ils ne vivent pas, ou plus, à Moncton.

Or habiter la ville, c'est d'abord habiter Moncton en particulier, comme en témoignent les œuvres poétiques publiées; nous pourrions rappeler ici le titre d'un poème de Christian Roy, intitulé *Moncton, 1997, au deuxième* (Roy, 2000, p. 35), qui fait allusion au temps et à l'espace d'écriture du poème en question, en l'occurrence, un bar célèbre de la rue principale, aujourd'hui fermé. Et c'est même plus que cela – ou moins que cela devrions-nous écrire – puisque la ville de Moncton elle-même est réduite à sa rue principale, la « Main Street », soit la rue passante, celle des bars et des clubs, celle où s'échangent paradis artificiels de tous genres, celle où la vie nocturne bat aux rythmes du blues, du jazz, de la techno. Il s'agit d'une ville souterraine, « underground », labyrinthe où le sujet effectue une descente réelle doublée d'une plongée dans les recoins les plus confus de son être. De même, le Kacho, club étudiant situé sur le campus de l'Université de Moncton, est une référence commune, parce que fréquenté – jusqu'à sa fermeture en 1995 – par beaucoup de ces jeunes écrivains. Il n'est pas surprenant alors que l'on lise « Face b au Kacho », un poème du recueil de Marc Arseneau *L'éveil de Lodela* (1998, p. 46-47). Citons aussi « Parkton à Robinson » de Marc Poirier dont les premiers vers indiquent une course nocturne dans les rues du centre-ville : « Parkton / à Robinson / 100 miles à l'heure /et la vitesse augmente / entre le Kacho / pis la Bostford / sous les poteaux de lumière » (1993, p. 37). Ainsi se tisse tout un système de références internes, compréhensible seulement par un lecteur familier de la ville et de sa vie nocturne en particulier.

La poésie acadienne contemporaine est en ce sens une poésie qui ne se préoccupe pas d'une quelconque universalité littéraire, ni même d'un lectorat élargi. C'est une écriture pour soi et entre soi, une écriture de l'exiguïté, non seulement telle que définie par François Paré dans *Les littératures de l'exiguïté* (1992), c'est-à-dire parce qu'elle évolue dans un milieu majoritairement anglophone, avec les contraintes culturelles que l'on connaît, mais en plus, et peut-être surtout, parce qu'elle revendique de fait une certaine exiguïté, dans le sens de la marginalité. Les écrivains qui habitent Moncton (qu'ils soient ou non originaires du Sud-Est de la province), ayant adopté cette ville comme lieu de vie, l'ont adoptée aussi comme espace d'écriture. En cela, leur attitude est bien différente de celles des jeunes écrivains acadiens de la Nouvelle-Écosse, par exemple, qui proposent des thématiques plus rurales (nous renvoyons notre lecteur au dernier numéro d'*Éloizes*[2], qui leur est consacré). Bien sûr, on ne peut présenter cette génération d'écrivains monctoniens d'adoption sans nuancer nos propos. Ni Cindy Morais ni Éric Cormier, par exemple, ne présente une thématique particulièrement axée sur l'urbanité. Il reste que ces deux jeunes écrivains se rattachent indirectement à la mise en place d'un imaginaire collectif de la ville, par leur utilisation littéraire de notions telles que les drogues, le sexe, la violence ou le vampirisme, notions sur lesquelles nous reviendrons et qui découlent directement d'une vision de l'*underground* propre à ce groupe d'écrivains.

Habiter la ville semble donc être un paramètre fondamental de l'écriture acadienne contemporaine. Et cependant, il est nécessaire de préciser le paradoxe de cet investissement citadin : en effet, si le poète trace son écriture dans un contexte urbain, au fil d'explorations nocturnes (qui ne sont pas sans rappeler les errances surréalistes de Breton et de son groupe dans Paris), il reste qu'il insiste sans cesse, et cela est commun à l'ensemble de cette génération d'écrivains, sur sa marginalité, sa différence, voire son exclusion.

Le poète n'habite pas la ville comme un fonctionnaire, il n'en a pas une fréquentation diurne; au contraire, il la hante, il la séduit et se laisse séduire par elle, dans une intimité nocturne et noctambule :

> Alors j'explore cette ville insolite en silence clandestin,
> elle seule perçoit mon passage.
> Elle seule est secouée des séismes assourdis
> Par mes cris de guerre, de peine, de guérison.
>
> Je suis un fantôme tatoué de chair,
> Un esprit dans une cage thoracique,
> Un volcan contenu qui s'apprête à s'activer…
>
> Je ne vois que la nuit,
> Mes pas ne font aucun bruit car le sol se tait sous mes pieds.
> La ville semble disparaître[3].

Le sujet poétique est furtif, voleur. Il est ombre parmi les ombres de la nuit, presque invisible, sujet à toutes les métamorphoses, vulnérable à toute magie. Toujours en marche, en quête, il reste un clandestin dans une ville qui est aussi évanescente que lui. La nuit est le domaine du rêve, du songe, de l'illusion. La ville, une fois le soleil couché, semble échapper à la réalité, et intégrer un monde de masques.

En cela, la poésie acadienne adopte un imaginaire dionysiaque : connu comme le dieu grec du vin, de l'orgie, de l'extase, Dionysios est avant tout l'« étranger dans la cité », ainsi que le définit Marcel Detienne (1999), dans sa contribution au *Dictionnaire des mythologies*. De plus, il incarne l'étrangeté, la métamorphose, le jeu de masques, mais aussi et surtout le bouleversement des règles établies, l'intrusion du chaos : « une des vertus majeures du dionysisme, écrit Marcel Detienne, est de brouiller les figures de l'ordre social, de mettre en question les valeurs politiques et masculines de la cité. Dionysos accueille à la fois l'exigence de salut individuel et les formes de protestation qui débouchent sur les ruptures sociales » (p. 582-583).

On retrouve largement cette attitude de défi envers la norme dans les ouvrages de notre corpus. Plus que de la provocation, derrière des jeux de mots parfois faciles se cache une véritable recherche de soi à rebours des tracés proposés par la société. Il s'agit pour le sujet poétique de bâtir une identité propre, une différence. La revue de création littéraire *Vallium*, qui connut une existence éphémère (six numéros) de mai 1994 à 1995, en est un précieux témoignage; de nombreux jeunes poètes y contribuèrent des articles ou des poèmes inédits. À titre d'exemple, citons Marie-Claire Dugas (dont les poésies ne sont pas publiées, mais qui a donné plusieurs lectures publiques) qui déclare dans un article du premier numéro, rédigé en anglais : « *Breaking rules is a way we can personally express that no system can fully control us. It is the way in which we assert that we are our own person and have free reign over our lives. [...] So free yourself !*[4] ».

Ce sentiment de révolte est un trait commun à l'ensemble du corpus poétique acadien. Les écrits des jeunes gravitant autour du centre culturel Aberdeen sont violents, saccadés, souvent portés à bout de souffle par un rythme bancal, trop étroit, haché. Une revue rapide des titres des recueils nous donne d'emblée le ton : *À vif tel un circoncis* (Éric Cormier), *Ravages* (Frédéric Gary Comeau), *Infarctus parmi les piétons* (Christian Roy), ou encore *Hucher parmi les bombardes* (Christian Brun). Il s'agit de faire entendre sa voix, vis-à-vis d'une société perçue comme aliénante. Alors que la génération des Gérald Leblanc, Rose Després, Guy Arsenault, Herménégilde Chiasson, Raymond Leblanc poussait un cri de libération spécifiquement acadien pour lutter contre une assimilation anglophone, la jeune poésie exprime, quant à elle, un questionnement incessant sur soi et sur la réalité, sur la place du « je » au quotidien. Mis à part Mario Leblanc, qui se définit comme un artiste spécifiquement acadien avant tout et revendique ses *Taches de naissance*, pour reprendre le titre de son recueil, ou encore Marc Poirier, qui n'a pas publié depuis 1993, le groupe des jeunes écrivains de Moncton propose une écriture non politisée, centrée sur l'exploration de l'individu et non d'une communauté identitaire. Ainsi, Éric Cormier note-t-il dans *Le flirt de l'anarchiste* : « je suis la route définie du rêve, je suis la déroute / dans la façon d'être seule [*sic*] / et j'embrasse en questions de répétitions » (2000, p. 23).

La poésie acadienne contemporaine exprime une quête d'identité, certes, mais en tant qu'elle soit liée à un cheminement existentiel, cheminement qui se construit à rebours de toute intégration sociale, comme si le respect des normes signifiait l'anéantissement d'une identité propre au sujet. L'autoportrait de Christian Roy esquissé sur la quatrième de couverture de *Pile ou face à la vitesse de la lumière* (1998) en est un exemple révélateur :

> Je suis un rejeton de la génération de Kerouac et de Ginsberg.
> Je crois en Morrison, Huxley, Nietzsche, Rimbaud et Baudelaire.
> [...]
> Je briserai toutes les limites.
> Je ne suis pas normal.
> Je suis ce que personne n'est.

Le choix des références littéraires est intéressant à relever, en cela que les écrivains apparaissent ici comme figures mythiques de la révolte, c'est-à-dire que c'est la légende qui les entoure qui prime sur la réalité de leurs écrits. Le Rimbaud porté aux nues par l'école d'Aberdeen n'est certainement pas l'élève brillant de version latine, passant ses journées à dévorer les collections de la Bibliothèque nationale de France. Il s'agit plutôt d'une vision lyrique, celle colportée par la photographie célèbre du jeune poète de dix-sept ans, les cheveux en bataille, les yeux rêveurs, et à laquelle sont associées les notions de voyage, de rébellion, d'homosexualité, signe de marginalité. De la même façon, Baudelaire n'est retenu que pour son expérience des *Paradis artificiels*, Nietzsche pour son nihilisme et sa démence finale, etc. Ils sont des signaux qui parsèment les recueils, que ce soit sous forme de citations placées en exergue ou à l'intérieur des textes mêmes.

La quête poétique est une quête d'identité qui passe par l'errance, le *trip*, pris ici dans son double sens de *trip* de drogue et de voyage. On trouve alors l'influence de Jack Kerouac, les spectres de Neil Cassady et d'Allan Ginsberg, auxquels les ouvrages de Mario Leblanc et de Christian Roy font ouvertement référence et qui imprègnent l'écriture de la plupart des recueils par leur vision du voyage. Mais si les Beatniks parcouraient les États-Unis, le sujet poétique lui, circonscrit son périple « en direction / non de Denver / non de Mexico / non de San Fransisco // mais en direction de Bathurst / aujourd'hui / beatnick sur le pouce / sous la pluie / en Acadie[5] ». Encore une fois, il ne semble pas être question ici de revendiquer une quelconque acadianité, mais plutôt de circonscrire l'univers poétique dans un quotidien tangible, vécu. Il s'agit de montrer le sujet ici et maintenant, aux prises avec sa réalité. Nous l'avons déjà indiqué, l'espace de l'écriture rejoint le lieu géographique dans lequel il surgit.

Dans *Hucher parmi les bombardes*, si Christian Brun met en scène la ville de New York, dans la première partie de son poème, c'est pour mieux inclure sa définition de la ville de Moncton à l'intérieur d'une thématique du passage, de la frontière – ainsi que l'indique l'excipit du poème en question, intitulé *frontière* –, thématique chère au poète Gérald Leblanc sur qui porte le texte. On peut donc lire dans « Le pont-traversier de Gérald » : « MONCTON : accaparé d'une épingle qui panse la plaie du plaisir manqué, détresse d'un voisin parlant tout seul, cyclone d'un lieu commun, identités rivales, accroché au fil d'un pont recouvert d'un bas de laine, cépages en préparation, frivole route qui coule sous le jaune brûlant, fureur du mal de vivre bien, posé devant la tour qui brasse la potion dans la marmite hétérogène, gémissements hilarants » (Roy, 1998, p. 50).

Ainsi, l'errance du « je » poétique, prenant pour point de départ et de retour la ville de Moncton, reste essentiellement centrifuge, à l'image de l'écriture : « j'écris toujours pour toujours écrire », déclare Christian Roy dans la revue *Éloizes*[6]. D'ailleurs, l'errance poétique est d'abord et avant tout une errance urbaine, à l'intérieur du périmètre de la ville, errance qui est doublée d'un trajet temporel, ouvert par le crépuscule et clos à l'aube. Le voyage est lié à la noirceur et, dans un sens, à la confusion des repères :

> Dans un lieu où le vertige est la seule réalité
> une musique m'incite à m'initier à la nuit
> avancer dans l'obscurité vers le poème en attente[7]

Il semble que l'écriture du poème exige un certain rituel, marqué dans ces vers par l'utilisation du verbe « initier ». On retrouve cette conception dans nombre de recueils : la nuit est essentielle à la création, en cela qu'elle ouvre un espace magique où le sujet entre en transe soit par l'intermédiaire de rythmes musicaux, soit par la prise de substances hallucinogènes, les deux étant le plus souvent conjugués et dédiés « à la poésie de mescaline de minuit / occupant les bars de la place / pour se rappeler de la valeur de la poésie / comme religion[8] ». Comme dans les rituels dionysiaques, l'ivresse est un moyen de communication avec le sacré; elle est créatrice (Dionysos engendre la vie, son passage est synonyme de fécondité) et signifie la libération d'une parole subversive (ou qui se veut telle), considérée comme plus « authentique ». Ainsi, Christian Brun dans « Deux pour 1 » parle-t-il de « recueillir [...] le pollen et les miragiques / qui font renaître / le goût des absolus / et les artifices de la cité perdue » (1998, p. 82-83). Dans les écrits de Frédéric G. Comeau, il est souvent fait référence à la chute – une chute souvent matinale ou diurne – qui éloigne le sujet de son identité originelle et signifie l'arrêt de l'écriture, et donc la clôture du poème. Mais cette notion de sacré n'a rien de biblique, rien qui la rattache à la tradition judéo-chrétienne. Il s'agit plutôt d'une magie nocturne, c'est-à-dire d'une magie noire, à rapprocher de la sorcellerie, des rituels sacrificiels, voire du vampirisme. Cela peut paraître surprenant, et pourtant les allusions sont nombreuses et communes à l'ensemble des recueils. Citons « Dimanche » de Cindy Morais : « déchire-moi / je t'en prie / homme d'affaire [*sic*] arrache mon cœur / et mange-le / mon sang sera ta guérison » (1999, p. 48), ou encore Éric Cormier (« Délirance totale »): « tu me manges de l'intérieur » (1997, p. 116-117). Mathieu Gallant, dans un poème intitulé « La mort du poète » écrit : « une main / aux longues griffes acérées / poilue /sanguinolente [...] plongea au plus profond de moi » (2000, p. 35-37); le poème se clôt sur la mort identitaire du sujet poétique, vampirisé de son imaginaire.

Ainsi, le travail d'écriture apparaît comme une amputation, voire une circoncision, pour reprendre un terme du titre d'Éric Cormier, *À vif tel un circoncis*, c'est-à-dire une agression de l'ordre du rituel, du sacré. Le sang, la sexualité, la douleur sont des termes récurrents de la jeune poésie monctonienne.

Même phénomène en ce qui concerne le rapport du sujet à la musique. Ces références sont nombreuses, probablement accentuées par le fait que plusieurs poètes font aussi partie de groupes de musique. C'est le cas de Marc Poirier, chanteur de *Zéro Degré Celsius*, de Christian Roy, de Frédéric Gary Comeau, ou encore de Mario Leblanc, plus connu sous son nom de chansonnier, Fayo. On retrouve l'influence du jazz, du blues, du reggae, mais aussi de rythmes plus violents comme ceux de la techno qui portent le sujet dans un état de tension extrême : « l'ondulation névrotique / de mon corps / sonorise / l'accent d'une stridence électrique / qui s'élève au-dessus / des projections lyriques / et engloutit le moindre / souffle perdu[9] », écrit Marc Arseneau.

Mais cet essoufflement de l'être, masqué temporairement par l'excitation sonore, réapparaît inévitablement au point du jour, une fois l'action des paradis artificiels – qu'ils soient sonores ou autres – épuisés. Ceux-ci sont largement présents dans les textes, qu'il s'agisse du tabac, de la caféine, de l'alcool ou du hasch, ou même des drogues dures : « une seringue remplie de morphine / l'unique repère de mes rêves[10] », déclare F. G. Comeau, tandis que Christian Brun ne consacre pas moins de quatre poèmes visant à définir ce qu'est « être stuck[11] ».

Ainsi, si le *trip* de drogue, cette « transe migration » pour citer le recueil de Mathieu Gallant, avec ses multiples connotations de vitesse et de verticalité, fait naître l'envol poétique, s'il est nécessaire de verser « du café dans les veines du stylo / du café qui coule comme des mots[12] », il reste que le texte produit ne semble pouvoir dire que l'univers qui l'engendre, dans un parcours cyclique qui se nourrit de répétitions et de reprises, et avec le danger d'une certaine stérilité littéraire. Finalement le sujet poétique semble « être stuck » aussi à l'intérieur de son écriture, reflet d'un certain malaise existentiel, d'une déchirure fondamentale. Le poème « Stuck part III » de Christian Brun, par exemple, donne à lire une série de contingences, une suite de choix, sans jamais proposer de réponse : « plonger dans un néant / ou le néant est-il la cause de la plongée / [...] être là / ou est-ce que je saurais être seulement quand je ne saurai plus » (1998, p. 36). Dans ce questionnement constant, à travers l'adoption systématique de l'infinitif, le sujet disparaît.

Cette dissolution du « je » poétique se retrouve dans la plupart des recueils, dans des formes différentes, que ce soit la petite mort sexuelle (parfois perçue comme vampirique, surtout chez Cindy Morais), la noyade dans l'alcool, l'évaporation dans la fumée de cigarette, etc. On assiste au suicide littéraire du sujet, sans cesse recommencé au fil des pages, modalité ultime d'une fuite incessante de la réalité au rythme des bars de la ville; car c'est bien de cela qu'il s'agit et si nous empruntons arbitrairement les mots de Marc Arseneau qui crie « je suis fugitif[13] », il est évident que c'est l'ensemble des textes qui est concerné par une saturation des thématiques dérivées de cette isotopie du *trip* – voyage réel ou artificiel et de sa chute, dislocation du sujet.

Mise en scène du sujet, mise en mots de l'identité, la poésie acadienne contemporaine n'est donc pas aussi lisse qu'elle le paraît; la première personne sature le texte, certes, mais un peu à la façon d'un mirage, se dérobant dès que l'on tente de la cerner, échappant par ses multiples contradictions à toute tentative de théorisation, et cela, à l'intérieur même des recueils, pris comme autant d'unités. Dans cette perspective, la perception de la ville agit comme un miroir, labyrinthe de ruelles nocturnes, succession de sous-sols et de caves, à l'image d'une confusion existentielle.

De la lecture de ces ouvrages de fin de siècle, de fin du monde donc, on retient le retentissement d'un cri apocalyptique, ultime révolte avant l'invasion inévitable du silence, comme un dernier « Postscriptum » en attente d'un dialogue possible :

> jesuiséchoenstand-by
> waitingforyou
> find'uneparole
> quiseréinvente
> quis'inspire
> duchaosdésinvolte(Arseneau,1992,p.55).

BIBLIOGRAPHIE

ARSENEAU, Marc (1992), *À l'antenne des oracles*, Moncton, Perce-Neige.

ARSENEAU, Marc (1998), *L'éveil de Lodela*, Moncton, Perce-Neige.

BRUN, Christian (1996), *Tremplin*, Moncton, Perce-Neige.

BRUN, Christian (1998), *Hucher parmi les bombardes*, Moncton, Perce-Neige.

COMEAU, Frédéric Gary (1994), *Ravages*, Moncton, Perce-Neige.

COMEAU, Frédéric Gary (1996), *Trajets*, Moncton, Perce-Neige.

COMEAU, Frédéric Gary (1997), *Routes*, Trois Rivières, Écrits des Forges.

CORMIER, Éric (1997), *À vif tel un circoncis*, Moncton, Perce-Neige.

CORMIER, Éric (2000), *Le flirt de l'anarchiste*, Moncton, Perce-Neige.

DETIENNE, Marcel (1999), « Dionysos », dans Yves Bonnefoy (dir.), *Dictionnaire des mythologies*, Paris, Flammarion, coll. « Mille et une pages », vol. 1, p. 581-594.

ÉCOLE NORMALE SUPÉRIEURE DE SAINT CLOUD, Groupe de travail interdisciplinaire (1985), *Miroirs de la ville : perceptions et projections*, préface d'Anne Cauquelin, Paris, Didier Érudition, coll. « Recherches sur la ville contemporaine».

Éloizes : revue acadienne de création (1999), n° 28, « Jeunesse manifeste ! ».

Éloizes : revue acadienne de création (2000), n° 29, « Se sortir du bois ».

GALLANT, Mathieu (2000), *Transe migration*, Moncton, Perce-Neige.

LEBLANC, Mario (1999), *Taches de naissance*, Moncton, Perce-Neige.

MASSON, Alain (1998), « Écrire, habiter », dans *Tangeances : le post-moderne acadien*, n° 58, octobre, p. 35-46.

MORAIS, Cindy (1999), *Zizanies*, Moncton, Perce-Neige.

PARÉ, François (1998), « Acadie City ou l'invention de la ville », dans *Tangeances : le post-moderne acadien*, n° 58, octobre, p. 19-34.

PARÉ, François (1992), *Les littératures de l'exiguïté*, Hearst, Éditions du Nordir, coll. « Essai ».

POIRIER, Marc (1993), *Avant que tout' disparaisse*, Moncton, Perce-Neige.

ROY, Christian (1999), *Pile ou face à la vitesse de la lumière*, Moncton, Perce-Neige.

ROY, Christian (2000), *Infarctus parmi les piétons*, Moncton, Perce-Neige.

Vallium, n° 1, mai 1994.

NOTES

1. Dès l'abord de ce travail, nous désirons préciser au lecteur l'absence de support théorique dont notre article est victime : il est justifié par le fait que nous travaillons sur un matériel très récent, qui n'a pas ou très peu fait l'objet d'articles critiques jusqu'à ce jour, à la différence de la génération précédente. De plus, la particularité de cette poésie acadienne de la relève supporte mal, nous semble-t-il, qu'on lui impose des références théoriques québécoises ou françaises, théories qui ne s'appliquent pas aux mêmes enjeux littéraires et sociaux.

2 *Éloizes : revue acadienne de création*, numéro spécial « Se sortir du bois », n° 29, 2000.

3. Christian Roy, « Nyctopolis », dans *Pile ou face à la vitesse de la lumière*, Moncton, Perce-Neige, 1999, p. 39.

4. Marie-Claire Dugas, « The Laura Basque Memorial Column », *Vallium*, n° 1, mai 1994, p. 6.

5. Christian Roy, « Le dialogue du Beatnik, III », dans *Pile ou face à la vitesse de la lumière, op. cit.*, p. 58.

6. Christian Roy, *Éloizes : revue acadienne de création*, numéro spécial « Jeunesse manifeste !», n° 28, 3e trimestre 1999, p. 121.

7. Frédéric Gary Comeau, « Autoroute », dans *Trajets*, Moncton, Perce-Neige, 1996, p. 13.

8. Marc Poirier, « Looking up / down and all around », dans *Avant que tout' disparaisse*, Moncton, Perce-Neige, p. 26.

9. Marc Arseneau, « Destruction », dans *À l'antenne des oracles*, Moncton, Perce-Neige, 1992, p. 45-47.

10. Frédéric Gary Comeau, « Vengeance », dans *Routes*, Trois Rivières, Écrits des Forges, 1997, p. 57.

11. Il s'agit des poèmes suivants : « Stuck part I » (p. 49), « Stuck part II » (p. 51), « Code de grooviness » (p. 53) dans *Tremplin*, 1996; et « Stuck part III » (p. 36) dans *Hucher parmi les bombardes*, 1998.

12. Éric Cormier, *Le flirt de l'anarchiste*, Moncton, Perce-Neige, 2000, p. 28.

13. Marc Arseneau, « Au revoir », dans *À l'antenne des oracles*, Moncton, Perce-Neige, 1992, p. 42.

MAJORITÉ OU MINORITÉ ?
L'IDENTITÉ DES JEUNES QUÉBÉCOIS

Madeleine Gauthier
INRS — Urbanisation, Culture et Société

Les jeunes Québécois se définissent-ils comme minoritaires ou comme majoritaires ? Se poser cette question, c'est se demander si les jeunes Québécois se représentent comme Canadiens ou comme Québécois. C'est se demander aussi quel est l'élément déterminant de la construction de l'identité collective au Canada, au Québec et par rapport au reste du monde. Quelle place occupe la langue chez les uns et chez les autres ? D'autres éléments spécifiques – l'attachement au territoire, les valeurs, les aspirations, la religion, l'appartenance à des réseaux transfrontaliers, par exemple – contribuent-ils aussi à la formation de l'identité ou viennent-ils renforcer la place importante attribuée à la langue dans le contexte canadien ? Ces attributs ne rendent-ils pas la question identitaire plus complexe que ne le laisse entendre l'opposition classique entre minorité et majorité dont il est question ici ?

Les travaux sur l'identité, s'ils font la distinction entre identité individuelle et identité collective, reconnaissent tous que la notion se définit dans un rapport à l'autre, que l'autre soit un individu ou un groupe, rapport qui contribue à marquer les similitudes, mais le plus souvent, les différences. L'importance de ce rapport est tel que certains auteurs iront jusqu'à soutenir que c'est « plutôt par la reconnaissance que les autres ont de notre identité, par les intentions ou les qualités qu'ils nous attribuent, etc. » que se construit l'identité individuelle autant que collective (Pizzorno, 2000, p. 139). La force de la reconnaissance, selon cette approche, imposera sa marque dans la représentation qu'on a de soi et, en conséquence, dans les manières d'agir.

Si la notion d'identité peut être relative à la position occupée par rapport « à l'autre », elle n'a cependant rien de relatif en ce qui concerne les attitudes et les comportements qui découlent de cette représentation de soi. Selon qu'on se considère comme plus ou moins « déterminé » par les structures ou les institutions ou que, dans la définition de soi, l'individu ou le groupe perçoit une certaine marge de manœuvre, l'attitude ne sera pas la même.

Dans cette définition de soi comme individu ou comme collectivité, on reconnaît ici le rôle des représentations qui sont autant de guides pour l'action (Moscovici, 1998).

Comment se pose cette question de la représentation identitaire pour les jeunes Québécois ? On peut supposer qu'ils participent de l'affirmation du Québec comme majorité francophone au Canada, en particulier depuis la Révolution tranquille, avec des aspirations tantôt à l'égalité ou à l'indépendance, tantôt à la souveraineté, tantôt à la reconnaissance comme « société distincte », l'une ou l'autre de ces options ayant des conséquences tant dans l'image que les Québécois ont d'eux-mêmes que dans celle que les autres leur reconnaissent ailleurs au Canada, y compris les groupes francophones des autres provinces. Peu de travaux de nature empirique prennent cependant en compte l'« âge » dans la définition de l'identité des Québécois. Quelques études récentes permettent tout au plus de tracer ce que pourraient être les jalons d'une recherche plus approfondie de la question en ce qui regarde les jeunes. Cette recherche serait d'autant plus pertinente que l'« effet d'âge » est particulièrement important en ce qui concerne les jeunes : les goûts, les intérêts changent avec l'âge, mais encore plus, l'importance « de l'autre » et « des autres » se fait fortement sentir à ce moment clé de la formation de l'identité. Il faut aussi se demander de « quels jeunes » il s'agit lorsqu'on en parle, tant la jeunesse s'est modifiée et s'est diversifiée au cours des dernières décennies (Gauthier, 2000a, p. 23-32). Il sera question ici des jeunes en transition vers l'âge adulte.

Quelques résultats de recherche ou de sondage seront mis à contribution pour illustrer la représentation que se font les jeunes Québécois de leur identité collective. À cette information qui présente le point de vue des jeunes eux-mêmes s'ajouteront des données d'enquêtes grâce auxquelles nous vérifierons, dans un deuxième temps, si les statistiques permettent de confirmer certaines différences entre les Québécois et les autres jeunes Canadiens.

La représentation identitaire des jeunes Québécois

Parmi les rares études sur les représentations que les jeunes Québécois se font de leur identité collective, il s'en trouve quelques-unes sur le sentiment d'appartenance dans le cas des études sur la migration (appartenance à un lieu, un territoire); on dispose aussi de quelques sondages sur les mêmes questions et sur l'attachement à la langue. Même si ces études sont peu nombreuses, elles indiquent pourtant une évolution au cours des dernières décennies.

Il y a d'abord le sondage national sur la représentation de l'avenir des jeunes Canadiens de 18 à 25 ans (« Destination 2025 ») qui fait ressortir la spécificité des réponses des jeunes au Québec. Effectué par les maisons Environics Research Group et CROP pour le Conseil pour l'unité canadienne, ce sondage montre à l'évidence que les jeunes Québécois n'ont pas le même rapport à ce qui définit l'identité collective que les jeunes du reste du Canada.

Ainsi, aux questions qui permettaient de rendre compte du sentiment person-nel d'identité à travers les notions de nation, de langue, de région, d'apparte-nance ethnique, de race et de religion, les Québécois ont très majoritairement (82 %) répondu que la langue constituait l'élément le plus important « pour la définition de leur identité ». Dans les autres provinces, c'est la nation qui joue ce rôle, bien que dans une proportion plus faible que celle pour la langue au Québec. Le sondage ne fait cependant pas de différence entre les groupes lin-guistiques dans chacune des provinces. L'étude de Roger Bernard effectuée dix ans plus tôt concluait : « en général, par rapport aux jeunes Canadiens français, les jeunes Québécois considèrent que la langue française est encore plus importante » (1991, p. 208). Ce qui peut étonner ici, c'est le maintien de l'attachement à la langue comme épine dorsale de l'identité collective pour les jeunes Québécois. Une question semblable posée en 1978 à des élèves du secondaire et du collégial recevait entre 80 % et 86 % d'assentiment au secon-daire et de 86 % à 93 % au collégial. Une autre enquête réalisée en 1990 a donné des résultats semblables (voir Dussault, 1995).

C'est par ailleurs au Québec que les 15-24 ans sont parmi les plus nom-breux à dire parler les deux langues officielles. Les jeunes Québécois savent que l'anglais est devenu une langue instrumentale et qu'ils peuvent difficile-ment s'en passer dans leurs activités professionnelles, ce qui, parfois, n'est pas sans causer quelques inquiétudes, en particulier à Montréal. Pourrait-il y avoir dérive ? Chaque génération ne manque pas de se demander si l'écoute de la chanson populaire en anglais, dont la popularité est constante d'une enquête à l'autre, n'entraînera pas un déclin de l'attachement à la langue française. L'*Enquête sur les pratiques culturelles au Québec* effectuée périodique-ment par le ministère de la Culture et des Communications du Québec depuis 1979 montre en effet que l'anglais demeure la langue d'écoute musicale préférée des jeunes. On explique cet engouement par le rythme de cette musique et la variété des styles. À partir de 25 ans, les goûts changent et l'écoute de la musique dans les deux langues en proportion égale devient plus élevée que celle en langue anglaise uniquement. Les filles sont plus nom-breuses à se tourner vers un palmarès musical dans les deux langues à parts égales et, dans une proportion légèrement supérieure, vers l'écoute exclusive de chansons en français (référence aux enquêtes de 1989 et 1999 dans Boily, Duval et Gauthier, 2000, p. 50-51). Dans une enquête par entrevue, un jeune expliquera l'engouement pour la musique anglophone par sa variété, avouant, et c'est là qu'il dévoile le pot aux roses : « Je ne comprends pas les paroles, dit-il, ça doit être pour ça » (Boily, 2000, p. 41). Ce qui est attribué ici à la langue ou au fait d'une identité de minoritaires relève peut-être tout sim-plement d'un « effet d'âge ». Ce ne serait cependant pas le cas dans les minorités francophones des autres provinces où les médias de langue anglaise prédominent (Bernard, 1991, p. 170-179).

Quant à l'idée de nation, qui arrive au deuxième rang et à égalité avec celle de territoire dans la définition de l'identité, le sondage Environics-CROP l'associe à la mondialisation. Jocelyn Létourneau fait de même lorsqu'il propose quelques hypothèses en se fondant sur l'analyse de dissertations effectuées par des élèves et des étudiants de divers horizons, en réponse à la question identitaire en contexte de mondialisation. « Elle [la nation] est ce par quoi le jeune a l'impression d'obtenir reconnaissance dans le monde, dit-il, ce par quoi il a le sentiment *d'avoir été choisi*, c'est-à-dire d'être sorti de l'obscurité, de l'indifférence ou, en tout cas, de ne pas appartenir à l'univers de la banalité. À vrai dire, c'est dans la nation et par elle que le jeune a la présomption de venir au monde et l'espoir d'accéder à l'universel » (Jewsiewicki et Létourneau, 1998, p. 412-413).

Lorsqu'ils se projettent dans l'avenir, soit en 2025 comme on le leur demandait dans le sondage Environics-CROP, les jeunes Québécois accordent tout autant d'importance à la question de la langue et ceux du reste du Canada, plus d'importance encore à celle de nation. On peut même se demander si la position forte des jeunes Québécois à l'égard de la langue ne pousserait pas les jeunes des autres provinces à s'inquiéter de l'avenir de la nation canadienne. Le sondage ne donne pas cette explication mais en propose une qui rejoint les propos de Létourneau :

> On observe une prédominance de l'élément « nation », compte tenu de toutes les théories qui ont été avancées ces dernières années à propos du déclin du concept d'État-nation et de la disparition des frontières nationales. Malgré la mondialisation, environ trois quarts des jeunes Canadiens pensent que la « nation » constituera un élément important de la définition de notre société en 2025 (p. 4).

Ce sondage révèle par ailleurs qu'il y a des différences à l'intérieur du Québec même : dans la définition de la société en 2025, « les répondants de Montréal sont plus nombreux qu'ailleurs dans la province à accorder de l'importance à des éléments comme l'appartenance ethnique, la religion et la race ».

Le sondage du Groupe de recherche sur la migration des jeunes (groupe affilié à l'Observatoire jeunes et société) montre un attachement important des jeunes Québécois au territoire, ce qui vient confirmer les résultats du sondage Environics-CROP. Quand on leur a demandé s'ils retourneraient dans leur région d'origine si les circonstances s'y prêtaient, une majorité parmi les 5 518 répondants au sondage sur la migration interne ont répondu affirmativement. Ils ont une représentation positive de leur lieu d'origine et un attachement certain à leur famille tout d'abord (Gauthier, Molgat et Côté, 2001), mais aussi à un territoire qui n'est pas nécessairement la localité d'origine, mais plus particulièrement la région administrative où ils auraient le plus de possibilités de trouver réponse à leurs aspirations après des études à l'extérieur tout en demeurant à proximité de la famille.

Des entrevues réalisées auprès de migrants par le même groupe de recherche et analysées par Stéphanie Garneau (2000) révèlent deux types d'attachement au territoire. Il y a ceux qui l'ont quitté et qui, avec le temps, ont fini par s'identifier au nouveau milieu social où ils se trouvent. Ceux-là ont développé ce que l'auteure a nommé la *symbolique du terroir*. Se désaffiliant de l'espace social de leur lieu d'origine, ils conservent néanmoins la symbolique de l'espace physique et naturel comme partie de leur histoire personnelle. D'autres migrants, qu'elle nomme les *nostalgiques*, auraient continué de se sentir appartenir à leur lieu d'origine et nourriraient le désir d'y retourner si l'occasion se présentait.

Un autre indicateur de l'attachement au territoire se présente actuellement de façon fort convaincante : l'accroissement du nombre de groupes de jeunes qui s'intéressent à la vie régionale. Après onze ans d'existence, le mouvement communautaire *Place aux jeunes*, qui a comme objectif de maintenir un lien entre les jeunes qui sont partis pour étudier et leur région, compte maintenant 75 sections réparties sur tout le territoire québécois. Le colloque d'avril 2001 du groupe AJIRR (Avenir des jeunes innovateurs regroupés en région) a réuni, à Mont-Laurier, plus de 300 jeunes de moins de trente ans. Il était organisé par *Jeunes en tête*, « un organisme à but non lucratif qui a pour mission de défendre l'intérêt des jeunes adultes [...] et de promouvoir leur participation à la vie politique, économique et sociale de leur collectivité. Formé il y a deux ans, il compte déjà environ 200 membres ». Encore faut-il parler des Forums-jeunesse régionaux qui ont attiré l'attention lors du Sommet du Québec et de la jeunesse du 22 au 24 février 2000 (Gauthier, 2000b, p. 134-135).

L'attachement actuel à la région se situe dans le prolongement de ce qu'Uli Locher observait une dizaine d'années auparavant. Les jeunes Québécois voient très majoritairement leur avenir au Québec, que ce soit dans la poursuite de leurs études ou dans le travail, même si à Montréal la proportion est la plus basse (74,2 % pour le lieu de travail prévu par les répondants) (1993, p. 19-20). Mais cette proportion dépasse ce que Roger Bernard constatait à la même époque chez les jeunes Canadiens français; selon ses observations, 72,3 % d'entre eux voyaient leur avenir dans leur province d'origine (1991, p. 151).

Cet intérêt pour la vie régionale s'exprime en même temps qu'un autre qui n'est pas moins grand : l'intérêt pour la mondialisation. Les jeunes Québécois ont été aussi très actifs au Sommet des Amériques à Québec en avril 2001. Leurs relations avec des organisations internationales étaient déjà manifestes lors du Sommet parallèle organisé pendant le Sommet du Québec et de la jeunesse de février 2000. Les jeunes Québécois partagent avec les jeunes du reste du monde un intérêt certain pour la préservation de la planète, les idéaux de paix et de liberté. Ils sont bilingues et maintenant, leurs curriculums vitae font souvent état de la connaissance d'une troisième langue. Le sentiment d'appartenance et l'ouverture au monde ne seraient pas des sentiments contradictoires. Il est possible de constater que l'ambivalence des jeunes Québécois, ambivalence par rapport à leur double statut de minoritaires et de majoritaires, en fait des citoyens enracinés qui n'hésitent pas cependant à chercher des alliances ailleurs dans le monde pour défendre ce à quoi ils tiennent le plus.

Les études sur les représentations de l'identité collective ne dépassent probablement pas beaucoup celles qui viennent d'être mentionnées. D'autres questions ont retenu l'attention des chercheurs. Par ailleurs, dans les études sur la question identitaire, l'âge n'est généralement pas pris en compte. L'intérêt a sans doute moins porté, au cours des dernières années, sur le caractère identitaire des jeunes Québécois que sur leur « pluralité ». C'est en effet aux questions d'immigration et de pluralisme de la société québécoise (à Montréal 67 % de la population est de langue maternelle française, 14,3 % de langue maternelle anglaise et 18,8 % d'origine linguistique autre) que les chercheurs se sont plutôt attardés, sans compter tout ce qui entoure la notion de citoyenneté qui gomme à toutes fins pratiques des notions comme celle d'ethnicité ou de nation. La préoccupation du Québec d'être une société « inclusive » indique à la fois un réflexe de majoritaires, mais aussi une insécurité de minoritaires devant la menace de l'afflux de ces autres qu'on souhaite plutôt intégrer.

Les représentations identitaires à l'épreuve des faits

Ainsi, dans les sondages, on a pu observer des différences entre les jeunes Québécois et les jeunes Canadiens dans les représentations qu'ils se font d'eux-mêmes. Ces différences ne sont-elles que de l'ordre des représentations ou se manifestent-elles d'autres manières ? L'Observatoire jeunes et société s'est donné comme mandat de dresser un portrait de la jeunesse québécoise, d'en suivre les tendances et d'en voir les ressemblances et les différences avec toutes les jeunesses du monde. L'entreprise est de taille mais elle bénéficie de la collaboration d'un réseau de chercheurs québécois, canadiens, étrangers; avouons cependant que la collaboration internationale a toujours été plus forte que la collaboration à l'échelle canadienne.

Le cumul des données est en train de devenir important et, pour en rendre la diffusion possible, l'Observatoire jeunes et société est à mettre en place divers instruments : veille stratégique; site Web; suivi systématique de certains thèmes, tant du point de vue des statistiques que du point de vue des travaux de recherche; recherche originale sur les questions qui sont moins souvent traitées. Tout cela dans l'optique particulière d'une sociologie de l'action où le point de vue de l'acteur et ses stratégies sont examinés dans leur contexte et dans l'interaction avec ce contexte. Quelques statistiques et quelques résultats de recherche, qui étonnent parfois, amènent les chercheurs à se demander si les caractéristiques de la jeunesse québécoise lui sont propres ou si elles sont le fait de toute la jeunesse canadienne (Duval et Molgat, à paraître). Des différences se font pourtant sentir. À la suite d'un sondage, en 1987, Donald Posterski et Réginald Bibby n'hésitaient pas à dire : « Les jeunes du Québec ont un profil bien distinct » (1987, p. 8). Ces différences, selon eux, ne tiennent pas qu'à la langue mais aussi à des attitudes et à une vision du monde différente.

Ainsi, en ce qui concerne la fréquentation scolaire, les jeunes Québécois présentent un profil quelque peu différent de celui des autres provinces. Il faut cependant être très prudent en ce domaine, puisque les systèmes scolaires sont fort différents. La compilation de Statistique Canada en 1996 indique cependant que c'est au Québec que le taux de scolarisation au secondaire est le plus bas du Canada – les statistiques récentes montreraient probablement un changement dans ce profil –, mais en même temps, si on additionne les taux de scolarisation au collégial et à l'université, le Québec détiendrait le plus haut taux au Canada (31,8 %). Tous ordres d'enseignement confondus, le Québec arrive après l'Ontario, en raison des taux de décrochage au secondaire. Une équipe rattachée à l'Observatoire se penche en ce moment sur cette question, non dans la perspective du décrochage scolaire, puisque des millions ont été investis en recherche sur cette question, mais plutôt pour observer ce qui se passe au cours des quatre ans qui suivent l'arrêt des études au secondaire et au collégial. Il se pourrait que les jeunes ménagent des surprises dans la manière qu'ils ont d'aller chercher un complément de formation qui fait tout de même des Québécois, lorsqu'ils atteignent la trentaine, les champions des pays industrialisés quant au niveau de scolarité atteint (statistiques de l'OCDE).

L'allongement de la scolarisation profiterait cependant plus en Ontario qu'au Québec, si on en juge par les taux de chômage chez les jeunes. Un autre phénomène apparaît lorsqu'on considère les taux de chômage chez les 15-24 ans par province; il faut toutefois y mettre toutes les précautions puisque, avant 20 ans, les jeunes sont peu nombreux à être sur le marché régulier de l'emploi. Dans ce cas précis, une séparation s'opère entre, d'une part, le Québec et les provinces de l'Est où les taux de chômage sont les plus élevés et, d'autre part, l'Ontario et les provinces de l'Ouest où ils le sont le moins.

Les jeunes Québécois diffèrent quelque peu de leurs homologues canadiens dans leurs modes de vie. Ainsi, en 1996, il y a seulement dans les Territoires du Nord-Ouest qu'on retrouve une proportion aussi grande de 15-24 ans à vivre en union libre (51,0 % au Québec ; 50,5 % dans les T.N.-O.). Seul le Yukon (43,5 %) s'en rapproche. Il s'agit de moins de 30,0 % partout ailleurs au Canada, l'Ontario présentant le taux le plus faible (19,2 %). L'analyse de cette question devrait être poussée et couplée à d'autres, au modèle de décohabitation d'avec la famille d'origine, par exemple. Marc Molgat soulève plusieurs questions en rapport avec l'insertion résidentielle des jeunes, après avoir observé le phénomène en Allemagne, en Espagne, en France et au Québec. Il s'interroge entre autres sur la possibilité, dans certains contextes familiaux, de développer l'autonomie nécessaire au positionnement qu'exige la société actuelle sur le marché du travail. Les sociétés qui auraient développé des formes de soutien étatique complémentaires au soutien familial pourraient favoriser davantage le type d'autonomie nécessaire au développement de certaines caractéristiques professionnelles exigées dans le monde d'aujourd'hui (Molgat, 2000).

D'autres différences apparaissent. Par exemple, la question des modifications à la Loi sur les jeunes contrevenants par le gouvernement fédéral a suscité une grande controverse entre le Québec et le reste du Canada. Deux théories se sont affrontées : ou bien on traite les jeunes coupables de crimes graves sur le même pied que les criminels de tous âges ou bien on envisage, lorsqu'il s'agit d'un mineur, la possibilité de compter sur la réadaptation dans un établissement d'éducation plutôt que dans le système pénitentiaire. Cette controverse invitait à regarder ce qui se passait du côté de la criminalité juvénile pour voir ce qu'il en était, comme l'avait fait quelques années auparavant le Conseil permanent de la jeunesse du Québec (1995). Quelle ne fut pas la surprise de découvrir qu'il existait un deuxième mur, après celui du chômage, soit celui des taux de jeunes accusés de crime de violence grave. Le taux de crime avec violence le plus bas chez les jeunes, au-delà de l'Ontario, se situe en Colombie-Britannique où il est de 265,7 pour 100 000. Au Québec, il est de 167,7 pour 100 000, et les taux vont en diminuant jusqu'à l'Île-du-Prince-Édouard (statistiques recueillies entre 1991 et 1993 par le Conseil permanent de la jeunesse). L'approche prônée par le Québec aurait-elle des effets dissuasifs ou bien la population des jeunes Québécois serait-elle moins violente ? D'autres études seraient nécessaires pour répondre à cette question, mais ces statistiques aident déjà à mieux comprendre la différence d'orientation.

Dans le sondage Environics-CROP, une question portait sur la tolérance, en particulier la tolérance envers les immigrants. Surprise encore : la moyenne québécoise dépasse passablement la moyenne canadienne, lorsqu'on cherche à savoir si les Canadiens feraient preuve de plus de tolérance ou de moins de tolérance envers les immigrants dans l'avenir. En effet, 67 % des jeunes au Québec et 59 % dans le reste du Canada pensent que les Canadiens seront plus tolérants dans l'avenir.

Comment expliquer ces différences ? La langue n'est certes pas le seul déterminant. Mais quel est son poids ? Quel est le poids des établissements d'enseignement et de services, celui de la culture et de l'économie et celui de la place occupée sur le territoire, dans les différences observées ? Voilà des questions qui pourraient nourrir plusieurs projets de recherche à l'avenir.

Conclusion

Minorité ou majorité ? Dans l'exercice de la vie quotidienne, les jeunes Québécois, sauf exception, ne se perçoivent pas comme une minorité. C'est lorsque la langue est menacée, que l'identité nationale est remise en question et que les différences sont gommées que les passions se soulèvent et que les discours s'enflamment. On n'a qu'à penser au Sommet des Amériques au printemps 2001 où plusieurs n'ont pas hésité à descendre dans la rue pour défendre un certain droit à la différence. Jusqu'à quand et par quels moyens ce droit à la différence pourra-t-il être maintenu et défendu ?

Il faut rappeler ici l'importance des représentations dans l'orientation des choix en vue de l'action. Le fait de se représenter comme minoritaires peut conduire à un défaitisme certain, selon la sociologie des représentations. La conclusion d'« alliances » pourrait-elle compenser ce que le nombre ne peut procurer? Le poids du nombre est-il fatalement déterminant ? Quel poids les divers déterminants tiennent-ils dans la construction identitaire ? Quelques travaux cités dans le présent article signalent, entre autres, l'effet du poids démographique des communautés minoritaires et de la forte présence des médias sur la langue d'usage.

Les comparaisons doivent se poursuivre, non seulement entre les provinces, comme Statistique Canada en offre la possibilité, mais entre minorités linguistiques majoritaires et minoritaires; il faudra aussi comparer des dimensions de la construction de l'identité collective qui ne tiennent pas qu'à la langue.

BIBLIOGRAPHIE

BERNARD, Roger (1991), *Un avenir incertain. Comportements linguistiques et conscience culturelle des jeunes Canadiens français*, Ottawa, Fédération des jeunes Canadiens français Inc., Livre III, 280 p.

BOILY, Claire (2000), sous la direction de Madeleine Gauthier, *Les 18-24 ans et les médias*, Sainte-Foy, Centre d'études sur les médias, 91 p.

BOILY, Claire, Luce DUVAL et Madeleine GAUTHIER (2000), *Les jeunes et la culture. Revue de la littérature et synthèse critique*, Québec, ministère de la Culture et des Communications, 93 p.

CONSEIL PERMANENT DE LA JEUNESSE (1995), *Le point sur la délinquance et le suicide chez les jeunes*, Québec, Le Conseil.

CONSEIL POUR L'UNITÉ CANADIENNE, *Destination 2025. Sondage national auprès des jeunes Canadiens*, Sondage CRIC/Destination 2025/octobre 2000, 8 p.

DUVAL, Luce et Marc MOLGAT, « Portrait des jeunes Canadiens », dans Madeleine GAUTHIER et Diane PACOM (dir.), *Regards... sur les études sociologiques sur la jeunesse au Canada*, Sainte-Foy, PUL-IQRC, à paraître.

DUSSAULT, Gabriel (1995), « La sacralité de la langue française au Québec », dans Simon LANGLOIS

et Yves MARTIN (dir.), *L'horizon de la culture : hommage à Fernand Dumont*, Sainte-Foy, PUL; document électronique consulté le 20 avril 2001, 10 p. <http://www.bibl.ulaval.ca/doelec/pul/dumont/fdchap30.html>

GARNEAU, Stéphanie (2000), « La mobilité géographique des jeunes au Québec. Identité et sentiment d'appartenance au territoire », mémoire de maîtrise, Sainte-Foy, Université Laval, 150 p.

GAUTHIER, Madeleine (2000a), « L'âge des jeunes, un fait social instable », *Lien social et politiques*, no 43, p. 23-32.

GAUTHIER, Madeleine (2000b), « Le Sommet du Québec et de la jeunesse vu d'à côté », dans Madeleine GAUTHER, Luce DUVAL, Jacques HAMEL et Bjenk ELLEFSEN, *Être jeune en l'an 2000*, Sainte-Foy, Les Éditions de l'IQRC, p. 131-140.

GAUTHIER, Madeleine, Marc MOLGAT et Serge CÔTÉ (2001), *La migration des jeunes au Québec. Résultats d'un sondage auprès des 20-34 ans du Québec*, Montréal, INRS-Urbanisation, culture et société, 113 p.

GAUTHIER, Madeleine et Diane PACOM (dir.), *Regards... sur les études sociologiques sur la jeunesse au Canada*, Sainte-Foy, PUL-IQRC, à paraître.

JEWSIEWICKI, Bogumil et Jocelyn LÉTOURNEAU (dir.) (1998), *Les jeunes à l'ère de la mondialisation. Quête identitaire et conscience historique*, Sillery, Septentrion, 434 p.

LOCHER, Uli (1993), *Les jeunes et la langue*, Tome 1, Québec, Les publications du Québec, 200 p.

MOLGAT, Marc (2000), « L'insertion résidentielle et les théories de la "modernité avancée". Quelques enseignements de la comparaison entre quatre sociétés », *Lien social et politiques*, no 43, p. 81-91.

MOSCOVICI, Serge (1998), Entretien avec..., « Comment voit-on le monde? Représentations sociales et réalité », Paris, *Sciences humaines*, Hors-série no 21, juin/juillet, p. 11-13.

PIZZORNO, Alessandro (2000), Entretien avec..., « Identité et action collective », dans Philippe CABIN et Jean-François DORTIER, *La sociologie. Histoire et idées*, Paris, Sciences humaines éditions, p. 135-145.

POSTERSKI, Donald et Reginald BIBBY (1987), *La jeunesse du Canada. « Tout à fait contemporaine ». Un sondage exclusif des 15-24 ans*, Ottawa, La Fondation canadienne de la jeunesse.

FRANCOPHONIES
D'AMÉRIQUE